ÉTIENNE FOURNOL

SUR LES CHEMINS QUI MÈNENT A ROME

REMARQUES SUR LE RÉTABLISSEMENT DE L'AMBASSADE DU VATICAN

TROISIÈME ÉDITION

ÉDITIONS BOSSARD
43, RUE MADAME, 43
PARIS
1920

SUR LES CHEMINS QUI MÈNENT A ROME

DU MÊME AUTEUR

De la succession d'Autriche. Paris, Berger-Levrault, 1917.

Gli eredi della successione d'Austria. Trad. italienne. Trêves-Milan 1918.

Les volets du diptyque. Paris, Berger-Levrault, 1920.

ÉTIENNE FOURNOL

SUR LES CHEMINS QUI MÈNENT A ROME

Remarques sur le rétablissement de l'Ambassade au Vatican.

ÉDITIONS BOSSARD
43, RUE MADAME, 43
PARIS
1920

CHAPITRE PREMIER

LES RAISONS DES IMPIES

Le projet du gouvernement — Le sentiment religieux et la guerre — De la valeur politique des religions dans le monde moderne ; les religions unifiées : catholicisme, islam — Le sentiment national et le sentiment religieux : les hérésies mères des nations — Religions internationales et religions nationales.

VOILA la République au seuil des Saints Apôtres, *ad limina Apostolorum*.

On ne saurait aborder un si beau sujet sans préliminaires d'actions de grâces au Gouvernement français. Car il faut pénétrer la pensée profonde et les intentions subtiles du Cabinet. Il a voulu avant toutes choses fournir à tous les Français, à nous et à lui-même, un sujet de discussion de tout repos, exempt de risques alimentaires ou d'épouvantes financières, une de ces bonnes vieilles controverses à l'ancienne mode, chères à notre idéologie politique française.

La réflexion politique est devenue un divertissement du genre tragique De quelque côté qu'elle se tourne, elle ne rencontre qu'insuffisance de production, défaillance du change, raréfaction mondiale des produits, toutes les horreurs barbares, que l'économie politique a chargées de noms plus barbares. Et à l'extrémité de ces vues, prolongées en perspectives de calamités, on aperçoit la famine, la faillite et autres monstres.

Etudiez-vous vos relations politiques avec tel peuple allié, telle nation ennemie ? N'oubliez pas d'abord que tout cède au charbon. Selon que vous aurez pour ou contre vous le change, le frêt, le blé, le pétrole et quelques autres grandes puissances, votre position sera aisée ou embarrassée, votre langage dégagé ou prudent. Courez le monde tant qu'il vous plaira : votre esprit n'échappera pas à l'obsession des matières premières ou des objets d'urgente nécessité.

C'est ici qu'éclate la sagesse du gouvernement français. Il a découvert quelque part sur la planète une question politique dépouillée de tout intérêt économique, une grande puissance spirituelle qui ne vous entretiendra jamais de tonnage ni de restrictions. Rien que de la politique, de la politique pure, comme autrefois. Quelle aubaine pour des Français, imbattables sur ce terrain ! Et quelle fortune pour cette pauvre idéologie française dont la destinée singulière est d'être condamnée et foulée aux pieds par ceux-là même qui y excellent, pareils aux amants qui déchirent leur plus chère maîtresse ! On admire un sens profond du Gouvernement de la France dans ces ministres qui, jetant au milieu des débats publics cette question de la reprise des relations avec le Vatican, attirent les Français dans une controverse sans risques et les détournent des considérations dangereuses sur les nécessités premières de la vie, qui leur font défaut.

Quel temps que celui où l'on peut tenir pour apaisante diversion une polémique jadis chargée de colère et crépitante d'injures ! Encore faut-il constater que les polémiques d'antan ne rebondissent plus guère. Passions amorties ? Je ne le crois guère pour ma part. Lassitude de l'esprit public pour une querelle périmée ? Peut-être, mais je crois distinguer surtout dans la partie de l'opinion qui s'attache à cette affaire, le sentiment que la question est non pas morte mais nouvelle et qu'en cet état bien différent, il y faut porter une attention renouvelée et des arguments rajeunis.

Supposons donc que le Gouvernement ait voulu nous induire en réflexion.

On pourrait d'abord se proposer d'étudier ce grand sujet des rapports de la guerre et des religions. Cette guerre, où l'on s'accorde à reconnaître l'un des plus grands événements de l'histoire universelle a-t-elle renforcé le sentiment religieux de l'humanité? C'est un grand sujet : ce n'est pas le mien. Tout au plus, s'il était permis de singer les philosophes, pourrait-on remarquer *a priori* que la guerre, qui rapproche l'homme de la mort, est par là favorable au sentiment religieux, le voisinage et la méditation sur la mort étant propres plus que toute autre chose à incliner l'homme vers la religion. Et on ajouterait *a posteriori*, c'est-à-dire d'après une trop courte expérience que la guerre semble avoir en effet confirmé chaque homme dans sa religion. On ne voit pas à la surface de notre planète de conversions en masse, ni de retentissantes apostasies. Trop courte expérience, car les suites morales de la guerre s'étendront sans doute sur de trop longues années et n'apparaîtront peut-être qu'à nos descendants : si bien que nous serons les seuls à ne pas les connaître et qu'on peut fort bien soutenir que notre temps est précisément celui à qui une telle étude est interdite.

Constatons seulement avec une prudence résignée qu'il semble, par l'apparence prochaine, que chacun n'ait trouvé dans la guerre que des motifs qui l'ont confirmé dans sa religion et ajoutons — c'est une observation qui reviendra plusieurs fois dans la suite — qu'il est bien vrai que chaque homme demeure dans sa religion, y compris ceux qui n'en ont pas. Qu'on les appelle athées, rationalistes ou laïques, on ne peut négliger dans un dénombrement métaphysique ou une géographie religieuse de la planète ces masses partout disséminées, nombreuses dans les pays latins et dans la Chine.

On distingue même un sentiment qui fut important dans la guerre, lui aussi, comme la fermeté religieuse, générateur d'héroïsme, et dont on peut dire qu'il était plus commun peut-être dans cette dernière famille d'esprits. C'est l'idée qui anima surtout au début de la guerre beaucoup de soldats, qu'il fallait vaincre en cette guerre pour que l'humanité fût à jamais purgée du fléau de la guerre. J'entends bien que ce sentiment n'était étranger ni aux catholiques, ni aux protestants, ni aux juifs, mais si l'on observe que cette idée suppose une certaine croyance à la perfectibilité indéfinie de l'espèce, qu'elle suppose même que l'humanité parcourt des stades et époques diverses et que nous passons justement de celle de la guerre à celle du pacifisme, il est difficile de ne pas reconnaître là comme un dépôt sédimentaire du positivisme, au sens vulgaire si l'on veut et non pas orthodoxe du mot. Ces pensées devaient donc être plus familières à ceux qui accordent tout à la valeur et au développement de l'homme qu'à ceux-là qui contemplent d'abord son humilité. La foi au progrès de l'humanité par ses propres forces n'est point chrétienne, et non pas davantage la confiance au progrès collectif de l'humanité. Dans un livre admirable et tout brillant d'intelligence à la fois et de piété, M. Emile Mâle a remarqué que dans la pensée chrétienne « pour les générations qui se succèdent tout est toujours à recommencer ; il y a un progrès individuel ; il n'y a pas de progrès collectif (1). »

Un autre point, que j'abandonne à l'avenir, est de savoir si, en sens inverse, le spectacle de la guerre, de sa durée, de ses résultats, ne contrarie pas cette espérance chez ceux-là qui étaient partis, le cœur plein d'une ivresse positiviste, confiants qu'ils exemptaient ainsi leurs fils et leurs petits-fils jusqu'à la dernière génération.

Je laisserai si vous le voulez bien cette question sur les genoux des dieux, fort empressé à quitter ces hautes régions de la mystique pour venir à celles de la politique, où les erreurs sont peut-être moins damnables.

Pour la mystique, retenons seulement que dans les masses, cette guerre qui n'a pas eu de causes religieuses, n'a pas eu non plus d'effets religieux.

Venons à la politique, car c'est ici sans doute le lieu de rappeler cette distinction familière à Charles Péguy de la mystique et de la politique. Distinction féconde à mon gré et

---

(1) E. Mâle, *L'art religieux de la fin du Moyen-Age en France*. Paris, Colin, 1908, p. 373.

que Péguy suivait dans l'examen de toute l'activité humaine. Elle se présente tout naturellement et par l'application la plus exacte au seuil d'une étude comme celle-ci. Chaque religion a sa mystique, inviolable en quelque manière et où la critique même la plus libre ne pénètre qu'avec respect : chaque religion a aussi sa politique, sa conduite dans les affaires publiques universelles, et surtout la catholique, qui dans sa politique aussi bien que dans sa mystique est unifiée.

C'est ici à la vérité que nous entrons dans la querelle des relations avec le Vatican et du rétablissement de l'ambassade. Car l'importance des idées religieuses non pas seulement dans le monde mais dans la politique, c'est justement la raison capitale des partisans de l'ambassade, et ce qu'ils reprochent à leurs adversaires de méconnaître. Cet argument est même le seul qu'invoquent ceux-là qui combattent dans les rangs catholiques un peu à la manière des soldats de notre Légion étrangère, ceux qui s'appelaient jadis non sans quelque fierté provinciale les libres penseurs, et que leur apôtre ou leur précurseur, M. de Monzie, nomme plus volontiers les indifférents [1].

Car il est des incrédules dangereux qui ne nient point la valeur du sentiment religieux dans les nations. Il en est même, en grand nombre, qui ont le respect des choses religieuses. Il en est même, en plus petit nombre, qui en ont le goût, et qui allient dans de secrètes et condamnables délices l'incrédulité et la prédilection des idées religieuses. J'ai parfois suivi l'imagination d'un dialogue renouvelé « *des trois imposteurs* » qui seraient, de notre temps, Sainte-Beuve, Renan et M. Anatole France. Je suis convaincu que leur conversation serait toute pénétrée du souci, de l'étude, enfin de la dilection des idées morales et religieuses de l'humanité. Ce sont, à la vérité, les modernes hérésiarques. Dans quel cercle de l'enfer gémiront-ils? je suis trop pauvre théologien pour le leur fixer.

Je connais un bibliophile qui est hérétique. J'entends par là qu'il apporte dans la reliure de ses livres des fantaisies réprouvées par son relieur, l'un de ceux qui conservent le mieux à Paris les pures et vieilles traditions de cet art

---

[1] De Monzie, *Rome sans Canossa*. Paris, Albin Michel, 1919.

noble et subtil. Aux ouvrages de ces esprits libres, ce bibliophile a infligé un traitement pareil : il les a reliés en violet évêque, voulant faire entendre par ce signe qu'ils sont plus que d'autres pénétrés du goût, du sens des choses religieuses et familiers des plus grandes idées morales de l'humanité. C'est une faveur insigne qu'il refuse, par exemple, à l'auteur du *Génie du christianisme* pour qui la religion n'était que magnificence.

Je crains que, pour de tout autres raisons, de Monzie ne soit pas davantage revêtu de la reliure épiscopale dans la bibliothèque de mon ami. Esprit trop prompt et mobile et qui ne s'attarde pas aux charmes de la contemplation : philosophe sans doute, mais sa philosophie court à l'action et au résultat. Toute sa thèse, il la fonde sur cette simple observation : si dans la liste des grandes forces politiques du monde, vous négligez les forces religieuses, vous êtes incomplets et volontairement appauvris.

Forte remarque, et position inexpugnable. Il est difficile de refuser l'avantage aux partisans de l'ambassade sur ce point capital. Il est bien vrai que les grandes divisions religieuses apparaissent même au travers de la politique universelle : il suffit de percer les apparences et de regarder assez profond.

Les hommes finissent à peine de se battre, et presque tous. Mais les différends religieux étaient étrangers à leur querelle, Dans les deux camps, les religions étaient confondues. On pourrait peut être écrire toute l'histoire de la guerre sans dire un mot de religion. L'histoire des faits au moins ; car pour l'histoire des idées, c'est matière à discussions. Il ne semble pas en tout cas, qu'aucun combattant ait été gêné par sa religion pendant la guerre : les idées religieuses sont demeurées dans la conscience de chacun. Réconfort personnel dans un moment tragique de la destinée. De retour dans la paix, on ne rencontre plus les questions religieuses dans la politique que dans ce petit chapitre des relations de l'Eglise et de l'Etat, petit parce qu'il paraît périmé et que pour l'heure en tout cas, le monde, qui mange mal, a des soucis plus pressants.

Qui ne voit, cependant, que les religions demeurent, dans la politique universelle, comme des familles d'esprit ? Ne parlons même pas des religions en quelque manière monastiques, comme l'Islam, qui prennent tout l'homme et renferment, avec la morale, tout le droit public et toute la vie privée. Mais l'Anglais qui le plus souvent croit en Dieu dur comme fer n'est-il pas plus rapproché de l'Américain que du Français, qui n'y croit pas souvent ou qui n'y croit guère? Car la religion est la pédagogie première qui forme les hommes et forme les mœurs.

Que toute religion soit d'abord catéchisme et pédagogie c'est une vérité d'évidence : comme il arrive souvent aux vérités évidentes, celle-ci n'est pas tout à fait exacte en fait : il y a une religion qui n'a pas formé elle-même sa pédagogie mais l'a empruntée à ses prédécesseurs, et c'est la religion chrétienne. C'est l'une des aventures les plus singulières, je dirais volontiers les plus baroques de l'humanité.

> De la foi d'un chrétien les mystères terribles,
> D'ornements égayés ne sont pas susceptibles

a dit Boileau en vers médiocres. Et nous avons tous, dans nos compositions de rhétorique, dissuadé les poètes épiques de prendre leurs sujets dans la religion. Mais ce n'est pas seulement dans la poésie qu'on a conservé les figures des héros de l'antiquité, c'est dans l'éducation tout entière. Que le Grand Maître de l'Université s'appelle Falloux, Jules Ferry ou Honnorat, c'est toujours le stoïcien Plutarque qui est en France le grand éducateur. Les Jésuites, grands pédagogues, pédagogues des hommes et pédagogues des peuples, ont admirablement arrangé cela. Et peut-être si nous trouvons des types si différents dans l'Anglais moyen et dans le Français contemporain est-ce justement que les Français ont sucé en grand nombre le lait de l'antiquité, de nos jours grande nourrice d'incrédulité, cependant que presque tous les Anglais, qui n'ont point d'enseignement secondaire, ont reçu de la Bible toutes les parties de leur éducation ? Suivez la conversation de M. Lloyd George. Ses images, ses souvenirs, ses plaisanteries mêmes viennent à son esprit de la Bible. Que connaît-il de l'antiquité ?

Les religions apparaissent donc dans la politique parce que les hommes, et les chefs qui représentent les hommes, y portent leurs idées morales, dont ils ne sauraient se dépouiller, là non plus qu'ailleurs. Et ces idées morales ils les tiennent le plus souvent d'une source religieuse, assez souvent du choix de leur seule raison. Cette observation dont on dirait en style parlementaire qu'elle domine le débat, est plus vraie de la religion catholique que des autres, parce que cette religion a une valeur politique comme les autres, mais plus serrée que les autres, puisqu'elle est unifiée. Je n'oublie pas que beaucoup de catholiques, de partis divers, ont invoqué tour à tour le principe que les directions pontificales ne sont pas obligatoires hors du dogme. Mais il me suffit d'une part que ces directions politiques aient en tous cas une vaste autorité morale et d'autre part que les catholiques obéissent dans tous les pays à des règles de conduite communes : regardez seulement en Europe.

A la vérité il y a non pas une, mais deux religions unifiées. Je ne songe pas à ces religions attardées auxquelles nous viendrons tout à l'heure, et qui ne sont encore que des religions nationales. Je parle de celles qui ont franchi depuis longtemps ce stade primitif et qui sont et ont toujours été des religions universelles. C'est la catholique et la musulmane. Mais la question de l'unification de l'Islam est une des plus controversées de la science politique. Nous l'avons appris, si nous l'ignorions, puisque nous avons vu les maîtres du monde décider trois ou quatre fois, et alternativement, que Constantinople serait ou ne serait pas turque, selon qu'ils pensaient que cette décision bouleverserait ou non tout l'Islam. Le maharajah de Bikanir est même venu tout exprès à Paris, non pas seulement, comme on l'a cru longtemps, pour inviter M. Clémenceau à chasser le tigre dans l'Inde, mais aussi pour faire connaître à la Conférence de la Paix que toute offense au sultan de Stamboul serait vivement ressentie jusque dans l'Océan Indien et dans l'Insulinde.

Mais enfin, toute révérence gardée au maharajah, ce n'est là qu'allégations, prévisions et appréhensions dans le champ fertile des hypothèses. Le fait est que tous les efforts d'unification politique de l'Islam pendant cette guerre ont échoué. Les Boches ont tenté ce coup comme tous les autres : ils ont, dès 1914, dicté au cheik-ul-islam asservi la fetva de la guerre sainte : mince résultat sauf dans quelques cantons négligeables de l'Albanie et de l'Azerbeidjan. Trois ans plus tard, les Anglais suscitaient sans grandes difficultés le schisme arabique. Dans le passé, il y a beau temps que les chiites sont séparés des autres musulmans par un crime inexpiable qui attrista le VIIIe siècle, et jamais les Marocains n'invoquèrent le sultan de Stamboul comme intercesseur dans leurs prières. Autour de la Méditerranée, c'est donc un bon quatuor de Khalifes, quatre successeurs légitimes de Mahomet. Lézardes immenses dans cette prodigieuse coupole d'azur de l'Islam qui couvre de si haut tant de peuples. Ainsi les schismes se multiplient dans cette religion si séduisante, une et simple entre toutes.

Or, remarquez qu'en dépit de cette unité distendue et tiraillée, nous avons une politique islamique, attentive chaque jour davantage à ces mouvements religieux, à ces schismes mêmes, et je crois bien que la République française vient d'y pourvoir en se donnant à elle-même une sorte de cheik-ul-islam consultatif, homme de grande science, M. Edmond Doutté.

Si l'Islam donc est une grande force politique, que dire du catholicisme plus unifié et plus ferme chaque jour dans son unité ? Si nous passons aux religions dispersées, ne parlons-nous pas couramment de la politique israélite dans le monde ? Elle aussi est puissante et divisée. D'elle aussi nous devons tenir grand compte dans notre énumération et dans notre étude des forces politiques de l'univers. Il m'arrive parfois de regretter de n'être plus député : c'est quand je pense que j'aurais pu déposer un amendement au projet de loi portant rétablissement de l'Ambassade auprès du Saint-Siège. Cet amendement « tendrait » à instituer une représentation analogue auprès des grands juifs de New-York. Les arguments seraient précisément les mêmes, au moins de même ordre. Sans aucun paradoxe. Voulez-vous donc nier la force politique des Juifs ? Vous trouvez qu'ils ne l'ont pas assez montrée ? Le seul embarras serait de décider auprès de qui nous accréditerions cet ambassadeur. Est-ce à Wall Street auprès du successeur de Jacob Schieff ? ou du Juge Brandeis ? ou de M. Sokolof peut-être ? ou au contraire auprès de cette admirable *Alliance israélite universelle* qui a accompli depuis vingt-cinq années tant de conversions à la langue française ?

Il y a une et plusieurs politiques juives. Il semble plus subtil de parler d'une politique protestante. J'entends bien que l'on pourrait écrire fort longuement sur les variations politiques des Eglises protestantes. Mais réunissez des Gallois, des Australiens, des Africanders et des Américains du Nord : vous les trouverez divisés par leurs intérêts et unis par des idées morales communes. Est-ce donc autre chose que vous avez vu sous vos yeux, l'an passé à Paris, à la Conférence de la Paix ? Je me suis efforcé de démontrer ailleurs [1] que le traité de Versailles est l'œuvre de l'esprit puritain et de l'esprit de la Révolution française : l'esprit catholique en est demeuré absent.

Je conclurai donc au principal que la réflexion politique atteint à une certaine profondeur le sentiment religieux ; et pour le particulier que le caractère de la religion catholique dans la politique est beaucoup plus aisément saisissable que celui des religions plus dispersées. Au surplus il est peut-être plus simple d'y aller voir, et sans doute il est assez pédantesque de démontrer abondamment ce que l'on peut constater. Que le catholicisme ait une politique, c'est ce qu'on aperçoit en faisant seulement le tour de l'Europe et nous y viendrons au prochain chapitre. Il ne suffit pas toutefois de reconnaître qu'il subsiste dans les religions une force politique : pour déterminer la place et la valeur de cette force, il faut l'observer en face de la grande force qui

---

[1] *Les volets du diptyque.* — L'Orient bolcheviste, les Chefs de l'Occident. Paris, Berger-Levrault, 1920.

domine les sociétés contemporaines, la force nationale.

La séparation de l'Eglise et de l'Etat, du spirituel et du temporel, est faite à peu près partout de nos jours. Elle n'est pas accomplie, il est vrai, dans toutes les législations. Vous ne la trouverez ni en Espagne, ni en Angleterre par exemple. On peut penser qu'elle est pendante en France et en Italie. Mais c'est là la vérité apparente et grossière, dédaignée du philosophe. La séparation s'accomplit dans les esprits, par la suite du mouvement des idées dans tout le monde moderne, et le principe de ce mouvement est aux origines mêmes du christianisme.

Remarquer que la religion et l'Etat étaient confondus dans l'antiquité, qu'aucun état antique n'a pratiqué, qu'aucun esprit antique n'a conçu la séparation du politique et du religieux, c'est répéter une idée devenue banale dans la science historique depuis qu'un admirable livre de Fustel de Coulanges l'y a établie. La distinction du temporel et du spirituel est un bienfait du christianisme. Elle ne fut pas instituée seulement par la parole de l'Evangile de Mathieu sur le domaine de Dieu et le domaine de César. Le triomphe même du christianisme ne fut que la suite et la cause à la fois de la faillite de César. De cette observation, Ferrero vient de produire une démonstration très forte à mon gré dans une étude qui devait être d'abord une conférence à Londres, et qui est devenue une série d'articles de la *Revue des Deux Mondes* (1). Si peut-être cette remarque vous avait jusqu'ici échappé, c'est que vous n'aviez pas pris garde à l'état des esprits dans la seconde partie du IIIe siècle de notre ère et que vous n'aviez pas médité avec assez de contention sur le règne de Dioclétien. Mais le vrai est que les hommes en masse ont adopté le christianisme parce qu'ils étaient dégoûtés, parfaitement dégoûtés de la politique. Oui, déjà ! C'est justement parce qu'elle se présentait comme dégagée de tout lien terrestre, indifférente aux choses de la terre que la doctrine nouvelle a pu satisfaire des esprits qui n'espéraient plus rien des institutions ni des hommes politiques. Ces observations s'ap-

---

(1) G. Ferrero, *La ruine de la civilisation antique. Revue des Deux-Mondes* des 18 septembre 1919, 15 février, 1er juin 1920.

pliquent, je vous le rappelle, au IIIe siècle de l'ère chrétienne et non pas au XXe.

Si l'on voulait suivre cette idée à travers tous les âges on reconnaîtrait peut-être que dans la pleine société chrétienne, celle du Moyen-Age, la distinction du temporel et du spirituel, toujours maintenue dans la doctrine, ne fut pas toujours exactement réalisée. Laissant disputer sur ce grand sujet les Guelfes et les Gibelins, je ne retiendrai aux origines du monde moderne que les faits où l'on voit aux prises le sentiment national et le sentiment religieux.

En effet ils se sont souvent heurtés l'un à l'autre depuis que pour la première fois le christianisme les sépara. La religion est universelle ou tend à l'universel. Elle unit les hommes. La nationalité les distingue et les sépare. Passions l'une et l'autre très puissantes, elles ne se sont accordées qu'après de longues guerres qui remplissent l'histoire moderne, de la querelle des investitures à la Révolution française. Il ne serait pas tout à fait inexact de représenter l'histoire moderne elle-même comme une longue crise de l'humanité où elle a cherché l'équilibre entre le sentiment religieux et le sentiment national. Lutte que l'histoire des idées suit à travers les mille transformations des événements.

La guerre des Hussites par exemple, au xve siècle, est-ce guerre religieuse ? est-ce guerre nationale ? Guerre religieuse, disent les Jésuites, chargés du soin de l'histoire par les vainqueurs. Guerre nationale, répondent de nos jours les historiens tchèques. L'une et l'autre, à la vérité, car dans un temps où la société tout entière portait fortement dans toutes ses parties la marque de l'Eglise, l'hérésie créa souvent la nationalité. Elle donnait son caractère propre à un membre de l'Eglise universelle. Ainsi un peuple du centre de l'Europe réclamait le droit de communier sous les deux espèces comme une franchise nationale.

Si cette histoire vous amuse, et si vous vous plaisez à ces jeux rétrospectifs des idées, remontez seulement deux cents années : la guerre des Albigeois vous paraîtra, trait pour trait, semblable aux guerres des Hussites. Seulement, cette fois, ce fut le sentiment national qui fut vaincu et la nation méridionale qui disparut, par malheur pour la civilisation méditerranéenne et par bonheur pour l'unité française. Plus tard, l'hérésie de Wiclef fut une préparation au grand schisme national anglican, et l'on montre encore dans la dramatique cité d'Edimbourg la maison propre et sombre où la méditation et l'exemple de John Knox marquèrent pour des siècles le génie écossais de l'austérité et de la gravité puritaines.

Que la Réforme elle-même ait eu en bien des pays la force d'un mouvement national, on l'a souvent indiqué. Mais nous l'entendons mal si nous oublions que dans les idées politiques du XVIe siècle le prince transportait avec lui son peuple d'une religion à une autre et que la foi religieuse était affaire d'obéissance au prince. Cette maxime nous semble aujourd'hui monstrueuse et rien ne prouve mieux les progrès du for intérieur. Mais Louis XIV ni Bossuet n'étaient des monstres. L'idée que le sujet suit la religion du prince était aussi communément acceptée, aussi faiblement combattue il y a trois siècles que de nos jours par exemple le droit des peuples à disposer d'eux-mêmes. Nos pères reconnaissaient la valeur de l'évidence au premier de ces principes avec autant de naïveté que nous-mêmes au second. Car l'évidence politique se déplace avec les siècles dans l'esprit des hommes comme l'évidence philosophique et même si je ne craignais pas d'accumuler les sacrilèges, comme l'évidence scientifique, à la réserve de la mathématique.

Les princes qui suivaient la Réforme, entraînant leurs peuples, poursuivaient sans doute des fins politiques et même particulières. Beaucoup y voyaient un moyen prompt et utile d'abolir les difficultés de la main morte et le prince qui protégea le premier les réformés d'Allemagne songeait peut-être d'abord à changer de femme, malgré Rome qui lui refusait le divorce. Mais aussi la plupart représentaient à la manière du temps, le sentiment national, et par la Réforme encore, plus d'un peuple petit et grand, — il y avait en ce temps béni beaucoup de petits peuples en Allemagne —, affermit sa conscience nationale.

Au point de vue politique la Réforme est double : Réforme des peuples et Réforme des princes. Elle tirait ainsi l'esprit en sens divers et opposés. Car en même temps elle apprenait à chacun qu'il pouvait porter jusque dans les choses religieuses le mouvement de sa propre liberté, et elle fortifiait chez les princes à la fois leurs richesses et le sentiment de leur droit, au grand bénéfice de l'absolutisme qui apparaissait alors aux monarques comme le terme naturel du sentiment national et de l'Unité de la Patrie.

Ainsi l'Angleterre, qui au XVIe siècle du même mouvement courait au régime absolu et enchâssait l'horreur du Papisme au nombre des vertus nationales. Et si elle est devenue pays de liberté c'est par l'effet d'une sorte de surenchère religieuse contre l'Eglise officielle survenue un siècle plus tard. Comment ces puritains ont, depuis lors, porté aux quatre points cardinaux leurs mœurs, leur pédagogie, leurs principes moraux et politiques et comment au moment décisif ils sont revenus d'Amérique, du Cap et d'Australie, surgissant des mers et des continents pour régler chez nous nos affaires avec leurs idées, c'est justement encore un coup ne vous déplaise, ce que vous avez vu à Paris en 1919 à la Conférence de la Paix [1]. Les Français n'en sont pas encore revenus. Bel exemple à la fois de la longue force politique d'un sentiment religieux et des inconvénients qu'on éprouve à ne pas l'observer.

Ainsi l'hérésie, l'établissement d'une Eglise propre, d'une liturgie différente fut souvent un mouvement de « spécialisation » nationale contre l'Eglise œcuménique. Nous voyons la

---

(1) Cf. *Les volets du diptyque*, p. 15 et suivantes.

même chose de nos jours, dans l'Eglise d'Orient, car les peuples orientaux suivent les Occidentaux à quelques siècles de distance, négligeables pour l'historien. A mesure qu'une nationalité devient un royaume dans l'Orient de l'Europe, elle crée en même temps à son service, une église « autocéphale ». C'est ce que les sociologues, qui ne sont jamais à court de termes barbares, appellent un phénomène de « différenciation » nationale.

Dans cette petite Europe en effet, morcelée et dentelée comme ses rivages, on distingue deux systèmes opposés de politique religieuse : les peuples d'Occident obéissent à des Eglises universelles, les peuples d'Orient sont rangés en Eglises nationales ; la limite suit la plus douloureuse déchirure de la tunique sacrée, celle du schisme d'Orient ; elle sépare dans le religieux comme dans tant d'autres domaines l'héritage de Rome de l'héritage de Byzance.

A la vérité si l'on dressait la liste des religions nationales, il faudrait mettre au premier rang l'Eglise anglicane, fort éloignée de l'Orient. Mais l'Eglise est en Angleterre nationale en droit ; elle a trop d'infidèles, trop d'Eglises dissidentes, en trop grand nombre et chacune trop nombreuses, pour se dire à bon droit nationale en fait. Le bloc national cesse de l'être, s'il a trop de non-conformistes. Sans même parler de l'Irlande, l'Ecosse et le Pays de Galles sont de perpétuels rebelles à l'Eglise officielle, et le lui font bien voir à chaque élection politique. C'est ici la force, la vigueur du sentiment religieux qui combattent contre le particularisme national de l'Eglise possédante.

On pourrait faire des observations semblables en Russie, dans la Russie présoviétique bien entendu. C'était de tous les pays chrétiens, celui où l'Eglise orthodoxe était le plus utile ou asservie à l'Etat, celui où le sentiment religieux et le sentiment patriotique étaient le plus confondus. Impossible de dire si l'esprit religieux animait davantage la Patrie, ou l'esprit national la religion. Sans doute. Et pourtant la grande masse sourde et têtue du Raskol et cette prodigieuse gerbe de sectes extravagantes détachaient un très grand nombre de sujets russes de l'orthodoxie officielle.

Mais c'est dans les Balkans qu'on peut se donner le spectacle satanique de la création des Eglises par motif politique, par raison d'Etat.

Un seul jour dans sa vie Renan souhaita

d'être millionnaire, nous dirions aujourd'hui milliardiaire. C'est qu'il désirait satisfaire une fantaisie perverse : il voulait fonder une religion. Il se voyait vivant sur le boulevard en oisif fortuné et soudoyant dans quelque désert libyque ou arabique quelque aventurier prophète qui enflammerait les tribus d'une foi nouvelle.

La curiosité impie de Renan n'a point été satisfaite. Nous n'avons pas vu naître de religion sous nos yeux, mais nous avons vu de nos jours apparaître des Eglises. Ce fut toujours, il est vrai une opération politique, liturgique, mais non point du tout mystique. C'était des religions qui prenaient une forme nationale. La religion orthodoxe s'est pliée et formée aux besoins nationaux. Un peuple, une religion, ou tout au moins un peuple, une Eglise, telle est la règle de l'Orient.

Quand un Etat paraît dans l'Orient, il choisit ou on lui fournit un souverain, qui aussitôt intronise un métropolite, exarque ou patriarche, qui le confirme à son tour par une sorte de sacre double et réciproque. Telle fut, par exemple, la création toute récente de l'exarchat bulgare, ou celle, un peu plus ancienne, de l'Eglise roumaine. D'autres fois une nation trouve un chef religieux tout prêt et plus ancien qu'elle-même, qu'elle adopte en territoire étranger. Ainsi fit le royaume hellénique dont le chef religieux demeure à Stamboul, au moins jusqu'aux temps prochains où quelque successeur de Thémistocle, plus heureux que Venizelos, aura annexé le Phanar.

C'est donc que les Orientaux n'ont pas franchi, au moins dans la forme, ce stade du développement des peuples chrétiens qui sépare le temporel du spirituel. Cette séparation est dans la pure doctrine et le génie propre du christianisme ; c'est la contribution chrétienne à la science politique. Si ce fut un bienfait ou un progrès, le point n'est pas incontesté : c'est l'objet d'une grande querelle qui divise entre autres deux beaux esprits chimériques comme J.-J. Rousseau et M. Charles Maurras. Ce dernier a souvent insisté non sans force, ni même sans raison sur cette remarque que la division du spirituel et du temporel est une des plus riches conquêtes des sociétés politiques. Mais Jean-Jacques au contraire enseigna toute sa vie que l'ordre politique ne se suffit pas à lui-même, qu'il ne saurait être son propre objet et qu'il n'est rien s'il ne poursuit pas le règne des mœurs. Il retournait ainsi à l'antiquité où la morale n'était que civique. C'est par là que cet esprit quatre et cinq fois révolutionnaire, révolutionnaire de la sensibilité, du goût, des mœurs, fut aussi un révolutionnaire de la politique. Et c'est cette idée encore autant peut-être que le mouvement de l'art et du goût, qui mit l'antiquité tant à la mode à la fin du XVIIIe siècle et qui, par une résurrection cocasse, fit revivre Caton et Brutus dans le siècle même du Régent et de la marquise de Pompadour.

Si la discussion reste ouverte dans la doctrine, elle est close en fait. Le mouvement des idées modernes porte les esprits à tirer toutes ses conséquences du principe chrétien de la distinction du temporel et du spirituel ; et la conséquence extrême n'est pas autre que la séparation complète de l'Eglise avec l'Etat. Les pays neufs, de ce point de vue, ne sont pas ceux où la religion et l'Etat ont les mêmes frontières, mais bien au contraire ceux dont les citoyens suivent une ou plusieurs religions universelles.

Et pourtant ces religions universelles ne sont pas dépouillées de toute force politique, car la politique a son fondement dans les idées morales des hommes et des peuples. Quelle que soit la position des Eglises à l'intérieur des Etats, les religions diverses gardent une valeur politique. Il faut abandonner l'image d'une humanité marchant à l'incrédulité par masses et d'un pas continu : ce n'est pas là une représentation exacte du genre humain au lendemain d'une guerre qui l'a bouleversé.

Et parmi ces religions, si le catholique a une politique et laquelle, nous l'irons maintenant demander à Rome ou plutôt nous nous placerons à Rome pour en juger. Sans compter qu'à tant errer sans discernement à travers tant de religions on court de grands risques pour son salut, et l'on peut fort bien perdre son âme à demander par de tels motifs le rétablissement de l'ambassade du Vatican.

CHAPITRE II

LES RAISONS DES POLITIQUES

La politique du Vatican pendant la guerre — Les motifs de doctrine et de sentiment — Les motifs d'intérêt : rivalité du catholicisme et de l'orthodoxie jusqu'à la révolution russe. Après la révolution russe : l'offensive pacifique de 1917 — L'Église catholique absente de la paix — Politique de l'Église après la paix.

Dans cette bataille pour la reprise des relations avec le Vatican les partisans de l'ambassade, les « Romains » ont occupé une position très forte en soutenant qu'on ne saurait négliger les forces religieuses dans la politique universelle, observation qui s'adresse spécialement aux puissances à intérêts illimités. Il faut encore leur accorder un autre point : ce n'est plus matière d'idéologie sublunaire, considérations nuageuses d'observation politique planétaire, c'est une observation beaucoup plus rapprochée, point de fait que l'on peut saisir sans le secours de la grande lunette astronomique, c'est que le Vatican est un centre diplomatique que tout homme et même tout peuple soucieux d'information, ne peuvent négliger.

C'est d'ailleurs l'évidence puisque dans son exposé des motifs, le Gouvernement l'affirme sans le démontrer. Mais de la position du Vatican dans le monde nouveau et des voies qu'il a suivies pour y parvenir, le Gouvernement a dédaigné sans doute de nous instruire car on ne saurait penser sans sacrilège qu'il a négligé de s'instruire lui-même sur un sujet de si vaste intérêt.

Sans invoquer les grandes ombres du passé, sans revenir à Grégoire VII ni Léon X, demeurons dans l'histoire la plus récente. Pouvons-nous reconnaître une politique pontificale dans la guerre, et dans la paix qui a suivi la guerre ?

La politique du Vatican a été battue dans la guerre ;

Elle a été absente de la paix.

Et troisièmement dans cette Europe qu'il n'avait assurément ni souhaitée, ni favorisée, le Saint-Siège a trouvé des éléments d'une politique nouvelle qui lui rend déjà la parure de son prestige diplomatique. Ce seront, conformément à toutes les règles du genre sermonnaire, les trois points de ma démonstration.

Durant la guerre la curie romaine a penché du mauvais côté. De cette notion commune on donne communément deux raisons : le Vatican a cru à la victoire des empires centraux, et il ne pouvait se défendre d'une bienveillance naturelle pour les puissances qui semblaient représenter dans le monde le principe d'autorité. Erreur de fait, erreur de doctrine ou de sentiment.

La première erreur est retenue par certains des partisans de la reprise des relations comme un argument pour leur thèse : le Saint-Siège eut été mieux informé de la cause de la France, si nous avions eu auprès de lui un représentant pour l'instruire. D'autres remarquent en sens contraire que la Curie à défaut de français était entourée de diplomates belges, anglais et même russes. Je n'en crois pour ma part ni les uns ni les autres. Si la Curie romaine est informée des choses internationales, ce n'est pas parce qu'elle a auprès d'elle des représentants laïques de presque tous les pays, c'est qu'elle a elle-même dans presque tous les pays des représentants ecclésiastiques. Le clergé de

France correspond tout naturellement avec Rome. Il a mérité par son zèle patriotique l'hommage universel. Comment aurait-il négligé de plaider notre cause au Vatican ?

De tout temps les experts de la politique vaticane se sont exercés à reconnaître et à suivre dans le sentiment et la conduite de la Curie l'action des clergés des divers pays et de leurs représentants au Sacré-Collège. Car il y a dans cette riche unité des nuances nationales ; si nous avons eu à Rome de grands ennemis je crois que c'est surtout le clergé de langue allemande et un certain catholicisme espagnol. Le clergé germanique avait été dans les récentes affaires, celle du modernisme notamment, moins docile que d'autres : peut-être était-il demeuré à Rome quelque sentiment du danger de cette indépendance. Restait encore ce redoutable catholicisme espagnol. Je ne surprendrai aucun de ceux qui ont suivi le mouvement des idées dans tout le monde de race et de langue hispaniques en disant que la germanophilie espagnole a pris une forme plus dure et singulière que dans les autres pays. Ceux-là aussi qui ont essayé de plaider dans le monde catholique la cause française ont subi de ce côté des répliques plus hautaines et les plus pénibles rebuffades. Et le clergé espagnol s'étend jusqu'aux Philippines ! Un jour de 1915, à Madrid, M. Vasquez de Mella réunit une brillante assistance pour lui faire entendre le sens de la guerre. Il lui expliqua qu'en dépit des apparences Guillaume II était le successeur légitime de Philippe II, et qu'il lui serait donné d'abattre l'infidèle Angleterre ! Sans doute il faut être indulgent aux généralisations historiques : nous y sommes tous sujets. Mais on a pu craindre parfois que des thèses analogues ne fussent produites et appuyées jusqu'en cour de Rome.

Ce ne sont là en somme que penchants, sympathies doctrinales, c'est-à-dire au fond raisons de sentiment, la doctrine n'étant jamais que la couverture intellectuelle de nos préférences. Mais les raisons de sentiment dans la politique ne sont plus à la mode bien qu'un incorrigible esprit public n'en connaisse guère d'autres. Peut-être a-t-on négligé de chercher des raisons plus solides dans le domaine des intérêts. Il est aisé de trouver à la conduite de la politique vaticane des motifs d'un intérêt fort légitime.

Parmi les puissances qui en 1914 étaient unies par la guerre contre les empires centraux, l'une était pour l'Eglise catholique une ennemie si redoutable qu'elles ne pouvaient guère se trouver toutes deux de bon cœur du même côté de la barricade. C'était la Russie, alors grand empire religieux. Entre deux puissances dont une se dit catholique et l'autre orthodoxe, on n'aperçoit guère de régime satisfaisant hors de l'excommunication réciproque. Les mots ici jurent et avertissent. Non pas que les relations fussent mauvaises entre Rome et St-Pétersbourg. Leur diplomatie quotidienne était bien au contraire régulière et pleine de révérences mutuelles. On avait même coutume jadis de proposer la diplomatie russe à notre admiration : en ceci particulièrement qu'elle n'avait pas hésité à instituer auprès du Vatican une légation dont le premier titulaire devint depuis un terrible diplomate, Iswolski.

Échanges de sourires protocolaires et de génuflexions diplomatiques, c'est fort bien pendant la paix, mais la guerre ouvrait devant les ambitions de l'impérialisme russe les portes de l'Orient méditerranéen. Depuis surtout que le Turc s'était précipité dans la guerre dès son troisième mois, poussé par cette loi qui fera sans doute l'admiration de la postérité et qui a voulu que les empires malades, l'autrichien et l'ottoman, fussent les plus empressés à se jeter dans la guerre qui devait les engloutir. Dans ces territoires de l'Asie-Mineure, les deux propagandes, la russe et la romaine, s'affrontaient avec âpreté.

Car il y a des territoires convoités pour leur valeur religieuse, comme d'autres pour leur richesse économique. Et surtout la province d'Asie, glorieuse des conquêtes de l'apôtre de Tarse, sanctifiée par les premières Eglises, éclairée par les premiers conciles, dorée par les premiers rayons de l'aurore chrétienne! Comme aussi, pour d'autres raisons, les provinces incertaines, Galicie, Podolie, Volhynie, demeurées uniates, où l'on a à peine à suivre la ligne qui marque la cruelle déchirure du schisme d'Orient dans la tunique sans couture de l'Eglise. Sur ces terres précieuses, la guerre projetait déjà l'ombre alors compacte des bataillons moscovites toujours suivis de près des redoutables « convertisseurs », comme fut en Pologne le patriarche Euloge.

En Orient, l'Eglise catholique s'est décidée récemment à reconnaître les bienfaits du régime turc, après avoir durant des siècles ameuté contre lui l'Europe et la chrétienté. Car le pacha turc, méprisant les querelles des

Raïas, laisse prospérer auprès de lui les écoles et les églises rivales. Arrive un état chrétien, avec son église « autocéphale », comme on dit là-bas. Il proscrira aussitôt tous ses concurrents. Le régime ottoman, en matière religieuse, c'est à peu près le libéralisme tempéré par des massacres. Le régime d'une puissance chrétienne, c'est l'exclusion sans cruauté de toutes les autres.

Ces réflexions, ces craintes apparurent après la guerre balkanique alors que des provinces d'Europe passèrent du croissant à la croix. Elles sont bonnes pour le Saint-Siège, elles sont bonnes pour nous.

Le passage de provinces illustres du croissant à la croix grecque, mauvaise affaire pour le catholicisme. Nous voyons ainsi reparaître parmi les questions actuelles le grand schisme d'Orient, la plus profonde des plaies de l'Eglise et qui sépara l'héritage de Rome de l'héritage de Byzance. C'est peu de chose que quelques milliers d'années pour les querelles religieuses. Car les religions, qui se croient éternelles, sont à la vérité séculaires.

Plusieurs corollaires accompagnent cette constatation de l'opposition initiale de Rome et Pétrograd. C'est à ce point qu'il faut d'abord se placer pour suivre le parallélisme de l'action des forces catholiques et des forces juives dans le monde pendant la première moitié de la guerre. Peut-être cette remarque apportera-t-elle quelque surprise aux esprits contemporains instruits par les polémiques courantes. L'Eglise et la Synagogue avaient le même ennemi mortel : la Russie tzariste. La grande banque juive de New-York répondait à ceux qui l'engageaient à prêter de l'argent aux Alliés qu'elle ne soutiendrait pas une cause où participait la Russie persécutrice. Ces deux haines se sont parfois conjuguées. Comment expliquer autrement la protestation pontificale contre les abominables traitements infligés aux Juifs pendant la retraite de l'armée russe en Pologne ? Juste condamnation d'ailleurs et plus noble d'être sortie de la bouche du Vicaire de Jésus-Christ : elle n'aurait soulevé aucun murmure si les mêmes consolations étaient d'abord parvenues jusqu'aux Belges qui à la même heure en voyaient bien d'autres sous le joug germanique.

On ne pénètre pas non plus tout le sens de l'intimité de la curie romaine avec la Hofburg de Vienne si l'on ne rappelle la pensée directrice de la lutte contre l'orthodoxie. Ici encore pour expliquer la raison de la tendresse qui unit dans la vie et dans l'agonie (*usque ad mortem et ultra*) le Vatican et la dynastie des Habsbourg, l'esprit public n'a retenu que la raison de sentiment. Mais encore un coup nous sommes convertis au réalisme et nous dénions toute valeur au sentiment dans la politique. A la vérité l'association d'intérêts qui servait de fondement à cette union antique et vénérable était fort bien cimentée et construite : le contrat de cette sainte alliance était fort bien rédigé. C'est la nécessité pour l'Eglise, l'utilité pour la double monarchie d'opposer un système politique et religieux à l'orthodoxie dans toutes les questions orientales qui a fait de l'Autriche la servante et le soldat du Saint-Siège sur la frontière européenne et asiatique de la catholicité : les Habsbourg se présentaient partout comme les défenseurs et les bénéficiaires des intérêts religieux opposés à l'orthodoxie. L'union de Rome et de Vienne, ce fut, un siècle durant, la face spirituelle, le signe et l'indice religieux de la question d'Orient. L'Europe avait admis dans les dernières années que cette question d'Orient, suprême sanctuaire diplomatique, était réduite à la rivalité austro-russe, jusqu'au jour où cette simplicité fut ruinée par les seuls que l'on n'attendit pas en cette affaire, à savoir les intéressés, les états balkaniques eux-mêmes. Pour la conquête des dernières dépouilles de Byzance, contre le redoutable héritier moscovite, l'Autriche-Hongrie fut l'agent temporel de l'Eglise qui recueillait les bénéfices spirituels des succès des Habsbourg. C'est une politique prospère et fructueuse que l'on appelait vers les dernières années d'un nom où un esprit janséniste eût flairé quelque parfum d'impiété : *la politique eucharistique*. Comment d'ailleurs le gouvernement de Vienne et de Pesth accueillit et hospitalisa, si je puis dire, dans cette politique, la haute finance israélite, c'est l'un des traits les plus curieux de ce curieux régime qui concilia sous nos yeux, de notre temps, tant de traditions vieillottes avec tant d'adaptations hardies. Les amants du romanesque historique ne se consoleront jamais de la mort de l'empire des Habsbourg, et c'est à ce titre que, pour ma part, je le pleure.

Il est clair que si l'opposition naturelle des intérêts orthodoxes et catholiques fut l'un des éléments principaux de la politique pontificale, cette explication perd toute sa valeur au milieu de la guerre. La révolution russe ruina d'un seul coup la propagande orthodoxe. Je ne parle pas de la révolution de mars 1917, car Milioukof ne plaisantait pas sur les frontières naturelles de la Russie et n'était guère moins « propagandiste » que le feu tzar, mais de la révolution bolcheviste d'octobre. Non que les relations entre Lénine et la curie romaine aient jamais été cordiales : pour l'unique fois, à ma connaissance, qu'ils aient correspondu publiquement au sujet d'une question de reliques menacées et que Rome voulait sauver, les commissaires du peuple dans leur réponse ont trouvé moyen d'outrager à la fois toutes les reliques de toutes les religions du monde. Mais Moscou devenant indifférent ou hostile en matière de religion, le péril orthodoxe à l'extérieur cessait aussitôt et le pape devenait le principal et même jusqu'ici le seul bénéficiaire de la révolution russe.

Seulement, dans ce moment même, le Vatican terminait une campagne diplomatique à la fois brillante et obscure, j'entends mal connue et qui n'eut que le tort de ne pas réussir. C'est la campagne pacifiste de 1917. Je dis mal connue parce que les fragments épars de cette grande entreprise sont sous nos yeux, mais que le lien qui les réunit n'est pas encore découvert. Enumérer ces éléments seulement, serait une préparation pleine d'intérêt. On s'accorde à reconnaître en effet qu'en 1917 une partie de l'Allemagne et toute l'Autriche étaient disposées à la Paix. La moitié de l'Allemagne à la paix blanche et le gouvernement autrichien à n'importe quelle paix par la raison qui apparaît aujourd'hui à tous les yeux que l'empereur Charles sentait crouler sur lui son empire. On admet encore que l'Allemagne poursuivit son dessein par deux voies parallèles : la socialiste qui proposait la réunion de la conférence de Stockholm et la catholique. Les deux chefs de chœur étaient à gauche Philippe Scheidemann et à droite Mathias Erzberger, génie agité et vulgaire, mais puissant et plein de ressources. C'est dans le plan de cette campagne que s'ordonnent les divers épisodes (je ne parle que de la branche catholique) qui ont rempli cette année 1917, la grande année politique de la guerre parmi les années militaires 14, 15, 16 et 18 :

l'offensive pacifique autrichienne (propositions du prince Sixte), décembre 16 et premiers mois de 17 ;

le rôle en ces affaires d'une partie du gouvernement belge ;

l'offensive parallèle allemande (propositions von Lancken qui apparaîtront mieux lorsqu'on continuera la publication interrompue, — pourquoi ? — des comités secrets du Parlement français) ;

la résolution pacifique du Reichstag du 19 juillet, « triomphe de la politique de l'empereur Charles au Reichstag », par le canal d'Erzberger, disent les journaux du centre ;

enfin invitation du Saint-Siège à la Paix, août 1917.

Tous les fils de ces trames habilement ourdies, passant par les grosses mains d'Erzberger, arrivaient au Vatican.

Pourquoi ce grand œuvre diplomatique a-t-il échoué ? L'histoire, qui abrège, dira peut-être que ce fût par la faute du génie voltairien et proprement satanique de Georges Clémenceau. Non que le Tigre ait eu ici l'intention de la grande chose qu'il fit. Un jour que j'avais l'honneur de lui présenter quelques fugitifs de l'Europe centrale, qui sont aujourd'hui ministres en leur pays, il nous déclara sans fard qu'il était d'abord assez volontiers austrophile. La discussion avec Czernin où il jeta ses virulences de pamphlétaire tout au travers de la morgue diplomatique, lui ouvrit les yeux. Mais ce n'était là que l'incident et l'occasion. Le vrai est que Clémenceau convaincu qu'il apportait une politique toute neuve, ne voulant rien savoir ni rien entendre, sinon qu'il faisait la guerre, balayait par là même toutes les intrigues qui traînaient ici et là. Dans le même temps et de l'autre côté Ludendorf et les militaires triomphaient des craintes et des essais pusillanimes d'Erzberger, envoyaient Kuhlmann proclamer à la tribune du Reichstag la véritable pensée de toute l'Allemagne : « L'Alsace-Lorraine jamais ! » (octobre 1917) et chacun, de part et d'autre, de se préparer à l'offensive militaire de 1918. Foch a fait le reste.

Si la tentative pacifiste de 1917 eût réussi, le Vatican eut été le héraut et l'architecte de la Paix, et c'est parce qu'elle a échoué que la paix a été faite par d'autres hommes au service d'autres idées. A travers mille courtoisies on sentit longtemps une sourde rivalité pour la première place dans le monde entre le successeur de Pierre et celui d'Abraham Lincoln.

Mais Wilson et le peuple américain, pour terminer la guerre, sortirent d'abord de la neutralité. En sorte qu'après la victoire, les puissances victorieuses à intérêts illimités se trouvaient autour de la table au nombre de cinq : deux protestantes, deux catholiques, mais de cette nuance du catholicisme qu'on appelle laïque. La cinquième regardait toutes ces choses du haut de sa placidité bouddhique, au moins tant que la Conférence n'abordait pas aux rives du Pacifique.

L'Eglise n'a pas eu grande part aux idées qui ont mené la Conférence et organisé le monde nouveau. Le droit des peuples à disposer d'eux-mêmes n'est pas un principe de chez elle. Pour la Société des Nations, l'Eglise catholique peut répéter, il est vrai, qu'elle a été la première Société des Nations et qu'en fait elle a toujours recommandé la paix entre les peuples chrétiens pour faire la guerre à l'infidèle. Rien n'est théoriquement plus exact. La doctrine de l'Eglise, la doctrine guelfe, c'était bien un système pacifique du monde, comme la doctrine gibeline d'ailleurs. Mais il semble bien que de nos jours l'Eglise a seulement retrouvé dans son propre fonds une idée lancée par d'autres dans le monde moderne.

D'autres principes, celui des réparations par exemple, l'idée si importante dans le traité de la punition, du châtiment pour la guerre demeurait étrangère à la politique pontificale précisément parce qu'elle est demeurée neutre.

Mais surtout l'Eglise catholique demeure innocente de la Paix, étrangère à son inspiration générale, à ses idées directrices et jusqu'à son langage et au ton de ses documents. Si elle est bonne, elle n'en aura pas le bénéfice ; si elle est mauvaise elle peut reprendre à son tour le geste de Ponce-Pilate. Mieux encore : cette paix a été faite par d'autres, et par d'autres qui étaient en quelque manière des rivaux. Elle est puritaine dans son essence, dans ses idées directrices, et elle a été composée par des puritains collaborant avec des laïques. Elle a prétendu être une œuvre de morale et de morale en quelque manière concurrente et je dirais justement, si l'on ne redoutait quelque légèreté en un sujet si grave, que c'est une paix de concurrence.

Elle a été préparée d'abord par les homélies du Président Wilson et l'on a accepté les conclusions de ses prédications comme les textes fondamentaux ; ces textes mêmes portent la marque puritaine : en français ou italien, ils sont manifestement traduits. Œuvre non pas d'un juriste, mais d'un moraliste qui vise à l'universel. Et en effet, au temps de son prestige l'auteur aujourd'hui foudroyé des principes de la Paix, le Président Wilson était tenu pour le moraliste suprême. Lui aussi pontife, lui aussi législateur œcuménique.

C'est sur des idées puritaines qu'il s'est accordé avec Lloyd George, d'abord, puis avec les laïques, Clémenceau et Orlando. Les principes du droit des peuples sont ici calqués sur ceux du droit des individus. Puritains et laïques, ce sont les idées sur la valeur individuelle de l'homme, son indépendance sacrée, le respect de la volonté morale qui les ont réunis, les principes communs de la Réforme, du Kantisme et de la Révolution. L'Eglise connaît trop l'humilité de l'homme pour fonder le droit humain sur la personne humaine ainsi élargie. Elle est absente de cette œuvre comme son chef était absent de la Conférence. Non qu'on ait manqué de révérence pour elle : le Président Wilson était trop religieux pour ne pas vénérer à Rome le Chef d'une autre religion ; et lorsque le Vatican a eu une observation à présenter sur une difficulté ecclésiastique qui s'élevait quelque part vers les antipodes, dans une ancienne colonie allemande, on l'a aussitôt satisfait.

Mais enfin ce n'est pas là la paix de l'Eglise. En 1917 pour sauver l'Autriche et mettre un terme aux fléaux de l'humanité, le Vatican pouvait poursuivre la Paix des neutres, et en effet, il l'a tenté : il n'a point participé en 1920 à la paix des vainqueurs.

On pouvait craindre que les premières années de la Paix fussent obscurcies par une éclipse de la politique vaticane. Il n'en a rien été, bien au contraire. Eclipsée à la vérité pendant la guerre et pendant la paix, la politique catholique reprend toute sa lumière et il semble qu'elle brille davantage précisément dans cette Europe centrale où la ruine de l'Autriche vient de soulever tant de poussières.

Si l'on peut être assuré que la politique de la curie romaine sera très active et ne laissera pas sans emploi les moyens de l'Eglise qui sont vastes, puissants et discrets, il serait pourtant téméraire de prétendre pénétrer ses intentions ou fixer ses directions. Quelques points apparaissent cependant.

On a dit, et justement à propos de la restauration de l'ambassade française au Vatican que la diplomatie pontificale pourrait s'exercer d'abord en Allemagne. C'est ici au contraire que la certitude me semblerait la plus éloignée. Car le parti catholique en Allemagne est fortement organisé et il semble avoir coutume de fournir des directions au Saint-Siège sur sa politique intérieure plus que d'en recevoir. Même dans des questions purement religieuses j'ai rappelé comme le catholicisme allemand se montra moins aisément soumis que tel autre dans l'affaire du modernisme. Or les directions politiques présentes du Centre allemand, il serait bien embarrassé de les fournir, ne les connaissant pas lui-même. Ni le centre rhénan ni le centre bavarois, ni le centre silésien ne semblent fixés dans leurs espérances ou leurs répugnances. Ils se tiennent comme toute l'Allemagne, dans l'angoisse. Car l'état présent de l'Allemagne est celui d'un pays où aucune des forces politiques ne peut dominer les autres. Et chacune a ses armées. La résultante de ces forces, si l'on peut dire, est statique. Dissociée, l'Allemagne l'est à l'heure présente comme elle ne fut jamais depuis Wallenstein. Seulement, cette dissociation n'est pas, comme beaucoup l'espéraient, géographique. Ce ne sont pas, ou ce ne sont pas principalement et directement les forces centrifuges qui divisent l'Allemagne : c'est un tremblement universel qui l'agite en ses parties. Le Centre observe et ignore encore dans quelle direction il entraînera la politique pontificale.

A peine pourrait-on saisir dans l'esprit de quelques hommes la trace des hésitations de ce parti dont les effectifs parlementaires et la répartition géographique sont à peu près constants à travers tous les événements de l'histoire d'Allemagne. Faut-il retenir, par exemple, que trois hommes seulement depuis la guerre ont dans toute la Germanie osé braver l'opinion tour à tour abattue et furieuse ? trois hommes, hors des socialistes indépendants, ont dit aux Allemands qu'ils s'étaient trompés et qu'ils devaient changer leur politique : Kurt Eisner, Erzberger et von Simons. Par les soins des pangermanistes le premier a été assassiné, le second disqualifié. Instruit sans doute par ces exemples, le troisième, Ministre des Affaires Etrangères dans un cabinet dirigé par le Centre, après avoir exposé au Reichstag sa politique nouvelle, s'est empressé toutefois de déclarer, dans l'incident de l'Ambassade de France, qu'il s'inclinait bien bas devant un *oberleutnant* qui avait eu une attitude outrageante dans une cérémonie de réparations et d'excuses. Répétition exacte, sept ans après, de l'affaire de Saverne où toutes les autorités civiles furent contraintes d'avouer que les militaires allemands étaient au-dessus des lois.

Je me garde donc de comparer ni von Simons ni même Erzberger à Kurt Eisner, ce petit juif malingre qui fut le seul réformateur de l'Allemagne moderne, bien que les Alliés aient mis le plus grand soin à ne pas l'apercevoir. Mais enfin deux fois, avec Erzberger et avec Fehrenbach, le Centre semble avoir reconnu qu'il n'y avait de salut pour l'Allemagne que dans la soumission provisoire. Je n'en tire pas d'autres conclusions que celle-ci, que le Centre semble porter dans la politique internationale cette souplesse qui fit jadis sa réputation parmi les partis nationaux. Pangermaniste le Centre le fut jusqu'à la pire ivresse, et on ne voit pas qui pouvait sur ce terrain dépasser Erzberger, si ce n'est peut-être Fehrenbach. De toutes les erreurs de la politique germanique, le Centre a pris sa grande part. L'oubliera-t-il plus vite que les autres ? Sera-t-il plus prompt à désavouer son passé sans toutefois s'en repentir ? On n'en trouve à la vérité que d'assez faibles indices.

Pourrons-nous du moins dans cette obscurité traversée d'éclairs périodiques de la politique allemande, retrouver la persistance séculaire des traditions ? Mais les circonstances changent sans cesse la figure des traditions : les reconnaître sous leurs altérations successives c'est la besogne difficile de l'homme politique dans le présent, de l'historien pour le passé. Que sont devenues notamment les traditions particularistes dans l'Allemagne ?

C'est une loi générale de l'Europe contemporaine que presque partout les particularismes sont couvés par le clergé et surtout le petit clergé catholique. Attaché partout à la plus petite patrie, il favorise les mouvements qui isolent les plus petits groupes, il protège les plus petites cultures nationales, tenant des coins de nations à l'écart des grands états. Ainsi en Irlande contre la protestante Angleterre, ainsi en Slovaquie contre le Tchèque hérétique, ainsi en Flandre où le zèle flamingant est animé par le bas clergé et combattu par les prélats. Ne parlons pas de l'Alsace.

Et en Bavière ? Appellerons-nous particulariste la politique de M. von Karr et de l'Orgesch ? Antiberlinoise assurément. Elle dénonce également les trois vices prussiens : luthérianisme, socialisme, sémitisme. Mais elle oublie de flageller le pangermanisme, que chérissent dans le secret de leur âme allemande ces agrariens, obstinés dans leur refus de désarmer. Craignons de n'y trouver qu'une variété méridionale du pangermanisme.

De même sur le Rhin qui demeure, non sans combats, une des grandes voies catholiques de l'univers. On l'appelait au Moyen-Age la « rue aux Prêtres ». *Pfaffengasse.* Il coule toujours entre des rives pieuses. La Westphalie toutefois reste docile autant qu'au clergé catholique, à l'esprit et à la direction de ces Barons des Cheminées d'usines *(Schlottenbaronen)*, de ces Princes des Plaques Blindées *(Panzerplattenfürsten)*, qui sont les hobereaux de l'Ouest. La « sainte » Cologne abjurera-t-elle quelque jour son pangermanisme ? et le Centre conduira-t-il l'Allemagne sur la voie du repentir ? Tout n'est qu'attente dans l'Allemagne vaincue et mal désarmée d'aujourd'hui.

Peut-être trouverons-nous un peu plus de clarté dans l'Europe centrale et orientale. C'est grand miracle, car les affaires d'Orient n'ont point coutume d'être simples. Mais ici au moins nous saluons un grand événement qui dominera et conduira la politique pontificale. Un grand état catholique est mort, un grand état catholique est né. Le premier est l'Autriche, le second la Pologne. C'est ici, comme on l'a dit, « le pivot que le Vatican a choisi pour sa politique orientale ». Il en est mille raisons, claires et fortes. Sans parler de l'abondance et de la qualité de recrutement du clergé polonais, informateur si répandu dans l'Ancien et le Nouveau-Monde, le sentiment catholique a été, si j'ose dire, intégré depuis des siècles dans le sentiment national polonais. Turcs, Suédois, Moscovites, la Pologne a toujours rencontré sur sa route les ennemis de sa foi. Aujourd'hui encore elle réclame pour elle les vastes provinces qui sont ici les marches du catholicisme, les provinces de religion mixte. Par ses traditions, non pas les plus anciennes, — car les traditions anciennes de la Pologne sont antigermaniques — mais les plus cruellement éprouvées, la République luttait contre l'orthodoxie. Mais c'était là justement jadis le rôle et la force religieuse de l'Autriche, à qui la Pologne succède donc naturellement. Héritera-t-elle aussi de ses méthodes et de son personnel ? On l'a pu croire quelque temps. A voir les noms galiciens, vieillis sous les chamarrures des uniformes autrichiens, reparaître dans la politique polonaise, on a pu craindre que le gouvernement et la chancellerie de Vienne se soient simplement transportés à Varsovie. La Pologne sans doute a d'autres besognes encore, mais sa grande affaire du moment, la question de ses frontières orientales, est aussi une grande affaire pour la politique pontificale, embarrassée seulement au nord, en Lituanie, où le Saint-Siège vient de nommer impartialement un évêque lituanien dans Vilna polonaise.

La Pologne sera donc la maîtresse puissance catholique de l'Europe centrale, mais non pas la seule. Il y a la triste petite Autriche, il y a la Hongrie toujours piaffante, toutes deux abondantes en œuvres religieuses et en hommes. En sorte qu'on aperçoit dans le dénombrement nouveau des peuples de ces régions, trois puissances catholiques, Pologne, Hongrie, Autriche, une puissance semi-orthodoxe la Yougoslavie et une puissance semi-hérétique, la Tchécoslovaquie. Sans doute il ne faut pas voir là le signe de deux constellations politiques et non pas même des nébuleuses. Que tous les Dieux s'unissent pour préserver de cette menace la paix du monde ! Mais si par hasard quelque ligne de partage politique suivait un jour ces sinuosités religieuses, on voit bien où se fixeraient naturellement les préférences romaines.

Ce sont là des hypothèses. Ce ne sont que des hypothèses et qui supposent encore cette grande hypothèse grosse de désastres que la concorde, l'ordre et la fraternité pourraient être exilés de l'Europe centrale. *Di avertant omen !* Beaucoup de forces travaillent en sens contraire, et beaucoup d'hommes, avec Benes et Take Jonesco.

Les préférences romaines de la Consulta accompagneront sans doute celles du Vatican, car c'est merveille de voir comme ici la politique de la Curie épouse exactement les contours de la politique italienne. Admettons un instant que nos amis italiens veuillent favoriser dans l'Europe centrale une politique qui ne soit pas de fraternité et de concorde entre ses différents peuples. Supposons par un deuxième effort d'imagination, bien pénible encore, que la question de l'Adriatique reste ouverte, pour notre affreux malheur à tous. Quelle sera la besogne de la diplomatie italienne laïque ? Chercher des adversaires aux Yougoslaves. C'est exactement l'entreprise la plus facile qui soit dans le monde entier, car le royaume triunitaire a ce privilège unique que toutes ses frontières, terrestres et maritimes, lui sont disputées par tous ses voisins sans exception. Il n'est que de les réunir pour former autour du jeune état un syndicat malveillant. La Hongrie et même l'Autriche en seraient volontiers membres fondateurs.

Enfin, et sans achever complètement notre tour d'Europe, l'action catholique ne peut manquer d'être puissante dans la politique de l'Italie. Sans doute le parti « populaire » est tiraillé et sa direction donne quelques difficultés au robuste esprit milanais de Filippo Meda : il demeure cependant l'une des grandes forces de la vie publique italienne.

Quelle sera la politique catholique dans l'Europe de demain ? Dieu me garde d'en prétendre tracer même les grandes lignes : je me suis seulement efforcé d'en découvrir les piliers. Au surplus ce n'est pas notre affaire. Cette question ne toucherait au rétablissement de l'Ambassade que si nous allions à Rome pour suivre, diriger ou défendre la politique catholique en Europe. Mais qui ose le penser seulement ?

Le point n'est pas de reconnaître quelle sera la politique vaticane, mais d'établir que le Vatican aura une politique. Grandes idées et petites intrigues, la politique est faite de tout cela. Rome trouvera dans l'Europe contemporaine les éléments des unes et des autres.

CHAPITRE III

LES LIMITES

Rôle d'un ambassadeur : information et négociation — Les faveurs politiques de l'Église : Amérique, Afrique, Asie. — Syrie et Alsace-Lorraine — Le régime laïque obstacle aux négociations — Les grandes idées : apaisement, séparation du spirituel et du temporel — Retour à la politique des intérêts.

VOILA notre ambassadeur installé à Rome en quelque « Palais romain au front audacieux », s'il en trouve. Que va-t-il faire quand il aura assuré son logement ? Agent d'informations, au premier chef. Oui, sans doute : il aura fort à faire s'il veut seulement envoyer en France tous les renseignements qu'il pourra recueillir dans les entretiens du monde noir, de tous temps friand de conversations et d'intrigues politiques. Remarquez même que les arguments des partisans de la reprise des relations tournent presque tous autour de cette idée de la nécessité de ne pas abandonner une source d'informations politiques aussi abondante. Je me suis efforcé d'en donner dans les deux chapitres précédents quelques justifications.

Sur la façon dont sera exercé cet office d'information, sur les bénéfices qui en passeront dans nos connaissances diplomatiques officielles, je puis peut-être, si vous êtes soucieux d'exactitude, vous fournir quelques précisions. Cet ambassadeur dont vient de s'enrichir notre annuaire, enverra des rapports en style balancé et bourré de tournures dubitatives et prudentes. Ces rapports seront lus non sans dédain par un second secrétaire au bureau de la direction politique du quai d'Orsay. Même quelque incidente peut-être de ces rapports pourra être communiquée au Ministre, si toutefois elle favorise sa politique générale. Peut-être même le Ministre emportera-t-il dans sa serviette, à la Commission des Affaires extérieures de la Chambre ou du Sénat, quelque passage du document s'il est propre à réfuter par raison d'autorité un parlementaire assez osé pour avoir de son propre chef un avis sur une question réservée à la diplomatie.

Et si enfin le passage est assez topique et propice à la politique générale du Gouvernement pour foudroyer en séance publique un interpellateur imprudent, il pourra prétendre aux honneurs mêmes de la tribune ; à ce coup l'ambassadeur sera reconnu éminent même parmi ses confrères. Car tel est le sort et l'usage des rapports diplomatiques.

Besogne d'information, c'est bien peu pour un diplomate, et bien vil ; on ne saurait confondre sans sacrilège un ambassadeur et un journaliste. L'ambassadeur n'informe pas seulement : il négocie. Que négocie celui-ci ? Des avantages de politique religieuse pour la France ? A merveille, mais c'est ici qu'il faut se garder de cette funeste confiance aux précédents, erreur favorite des administrations ; c'est ici qu'il faut prendre soin de dissiper quelques espérances : il y aura bien des différences entre la nouvelle et l'ancienne ambassade au Vatican : ni le monde, ni la France ne se prêtent aux mêmes négociations.

La religion catholique est puissante dans le monde par l'action de ses missionnaires : la nation qui serait reconnue protectrice de la catholicité pourrait trouver de ce seul chef des intérêts et des difficultés sur un grand nombre de territoires de l'univers. Ce sont les œuvres réunies sous la direction de la Congrégation de la Propagande : *Collegium de Propaganda fide*, lit-on encore sur la façade du palais qui abrita longtemps cette grande œuvre, sur cette place d'Espagne si purement romaine que le tramway qui la traverse débouchant derrière la colonne de l'*Immacolata*, y passe toujours comme un étranger égaré. Mais les territoires de colonisation, ou même les territoires permis à cette semi-colonisation qu'on appelle l'expansion politique, sont chaque jour plus rétrécis sur la surface du globe.

Le continent américain fut jadis le théâtre des plus beaux et des plus ardents triomphes de la propagande catholique. Elle y régnait sans rivale un demi-siècle à peine après la découverte et l'exploration des terres nouvelles. Au jubilé célèbre dans les fastes romaines de l'an 1600, l'Eglise pouvait à bon droit se réjouir d'avoir gagné le Nouveau Monde à la foi chrétienne : elle ne devait que plus tard le partager avec les deux concurrences du puritanisme qui aborda aux rives atlantiques dans les premières années du XVIIe siècle et du positivisme qui a ravagé au XIXe siècle les Républiques du Sud, au point qu'il est devenu dans plusieurs d'entre elles une manière de religion officielle, dans ces pays mêmes qui avaient vu naguère le gouvernement théocratique de *los Padres*.

Mais de nos jours, nul ne peut songer sur aucun point du nouveau continent à combiner une action politique nationale avec une action religieuse. Les diverses fédérations américaines sont formées en états nationaux et exclusifs, et bien loin qu'on puisse encore parler de tutelle européenne sur les Etats d'Amérique, c'est l'Amérique qui pèse sur les affaires de l'Europe, soit qu'elle s'en mêle, soit qu'elle refuse de s'en occuper.

L'Afrique au contraire appartient tout entière aux Etats européens. Les deux seuls pays indépendants qui demeurent sont l'état féodal de l'Abyssinie, le seul en Afrique où la propagande religieuse pourrait être mise à profit par une puissance politique (1) et cette amusante parodie de la République nègre de Libéria fondée par l'Amérique et que l'Amérique protège sans en vouloir accepter le

(1) Ne pas oublier toutefois qu'il y a en Abyssinie des sphères d'influence dessinées par le traité de 1886.

protectorat. Car, en Afrique, les Etats-Unis protègent les nègres.

Les dernières destinées africaines ont été fixées par le traité de Versailles. Il s'en est fallu de peu que ces destinées ne fussent toutes contraires : peu de temps avant de partager avec les Belges et nous les colonies allemandes, les Anglais et le Dominion sud-africain ont été au point de partager les colonies portugaises avec les Allemands. Dans un sens ou dans un autre le partage est fait. Et la conséquence de cette colonisation est double pour notre objet : d'une part la doctrine constante et bien connue du Saint-Siège appuyée sur toute la politique thomiste reconnaît partout les gouvernements établis ; il ne peut donc, dans un territoire national ou annexé, favoriser une autre puissance que la légitime ; et d'autre part les divers états colonisateurs ne seront pas portés à saisir des prétextes religieux pour intervenir dans les territoires des autres. Je sais bien qu'il n'en fut pas toujours ainsi, et que les missions protestantes ont été cause de bien des tourments pour Louis-Philippe et les gouvernements qui lui ont succédé. Mais on peut espérer que ce genre de disputes ira s'atténuant, car les puissances colonisatrices qui finissent toutes par être saturées de territoires (nous en aurons le témoignage en Asie) seront pour longtemps beaucoup plus préoccupées d'organiser leur domaine que de chercher noise à leurs voisins.

En Asie, c'est tout autre chose. Le continent qui a fourni aux autres presque toutes leurs religions, demeure celui où l'on sépare le moins aisément les querelles religieuses des querelles nationales et où les « expansions » politiques ont intérêt à se dissimuler sous le masque religieux. Encore faut-il soigneusement distinguer l'Extrême-Orient de l'Orient proche.

La Chine paraît d'abord le type de ces pays où nous pouvons poursuivre une action intellectuelle et économique, à la fois profitable et prestigieuse, à la faveur du long et dur effort de propagande chrétienne que les missions y poursuivent depuis trois siècles. Dieu me garde de diminuer le mérite des missions en Chine, qui ont eu leurs modernes et illustres martyrs et qui ont jadis enrichi nos jardins de tant de plantes inconnues et aujourd'hui communes! Mais c'est une vieille controverse de savoir si ce long effort a fourni des résultats suffisants, hors du sublime esprit de sacrifice qui l'a sanctifié. Querelle aussi ancienne que l'œuvre elle-même s'il est vrai, comme le rapporte Voltaire dans ce chapitre qui termine de façon si imprévue *le Siècle de Louis XIV*, que les premiers missionnaires, jésuites et dominicains, disputèrent aussitôt si les Chinois étaient athées ou idolâtres et qu'il fallut envoyer un légat du pape s'en informer auprès de l'empereur de la Chine lui-même. Ce caractère uniquement rituel et moral des livres sacrés des Chinois, sans révélation ni intervention divine, qui enchantait nos encyclopédistes et nos révolutionnaires, a permis de soutenir que ce n'était pas par le côté religieux que ce peuple pouvait être attaqué ou devait être pénétré.

Ne peut-on penser que la révolution chinoise a jeté sur ce vieux débat quelques clartés nouvelles ? Les hommes ont été longtemps persuadés que toute révolution politique dans le monde procédait de l'esprit français et disposait par suite les peuples à l'amour de la France. Ce fut la vérité communément reçue au XIXe siècle. Un homme comme Camille Pelletan, esprit fin mais qui avait observé le monde antérieur, le monde de 48 et non pas le monde contemporain, le croyait dur comme fer. La révolution turque dont il ne vit pas les derniers effets, ne l'avait pas détrompé. S'il eut vécu, sans doute la deuxième révolution russe l'eut mieux instruit. Les chefs de la révolution chinoise toutefois, en dépit des écarts de certains pendant la guerre, avaient été nourris à Paris. aux sources de notre rationalisme. Ils n'ont pas manqué d'appeler auprès d'eux des savants comme Painlevé et Emile Borel. Si, suivant un projet bien conçu, l'université de Lyon devient l'institutrice des Chinois du Sud et l'université de Paris de ceux du Nord, nous pouvons prendre en Chine une place et un rôle de premier rang. Il ne nous manquera qu'une marine pour les soutenir. Le peuple français, voltairien d'inclination récente, mais catholique d'antique tradition, peut montrer alternativement l'une et l'autre face dans les diverses parties du monde : il semble que notre figure laïque convienne mieux à la Chine.

Et notre figure religieuse à l'Orient méditerranéen ? — En effet, et voici le nœud de la question. C'est dans l'Orient, c'est dans l'Asie Mineure et dans l'ancienne Turquie d'Europe que les intérêts français et les intérêts catholiques ont été longtemps conjugués. C'est les yeux fixés sur cet Orient que Gambetta se défendait d'exporter son anticléricalisme. Relisez des documents plus récents et par exemple les articles où M. Hanotaux demandait, à la veille de la guerre, la reprise des relations avec le Vatican, vous verrez que c'est toujours en Orient qu'on puise les arguments, qu'on cherche les exemples de la liaison des intérêts catholiques et français.

Et en effet les arguments se pressent ici : les vieux souvenirs et les vieux pactes contemporains des deux princes magnifiques Soliman et François Ier, la forme même des esprits orientaux qui ne sait pas distinguer la religion de la nationalité, et cette institution précise et lourde d'effets juridiques, le protectorat français des catholiques dans l'empire ottoman, moyen politique si efficace que l'Autriche s'est plus récemment efforcée de l'imiter à son profit en Albanie. Fort bien. Mais tout cela, la France gardienne et protectrice des traditions catholiques, c'est notre vieille politique ottomane. Elle fut fructueuse, assurément : il ne nous manque, pour la poursuivre, que l'empire ottoman, qui est mort.

Cette vieille politique ottomane, nous

l'avions singulièrement et bien vigoureusement rajeunie dans ces cinquante dernières années. C'est depuis ce temps que l'Asie Mineure et la Turquie d'Europe parlent français pour exprimer la moindre idée. C'est durant cette période que les Français ont construit la plus grande partie des travaux publics, ports, phares, routes, chemins de fer qui ont adapté pour l'activité européenne l'empire qui dormait dans la sordide indolence des vieux Turcs.

Car il est entendu que la génération des Français qui vécut de 1870 à 1914 fut désabusée, sans élan et sans audace, cultivant chez elle avec une morne résignation le pacifisme des races qui s'éteignent. Ce jugement est universel, puisque les Français s'accusant d'abord eux-mêmes avec force lamentations, ont ainsi pris soin d'instruire l'univers qui ne se l'est pas fait dire deux fois, ou plutôt qui a été enchanté qu'on le lui répète chaque jour. Je me garderai de combattre de front une opinion si autorisée. Remarquez toutefois que ces Français déprimés et vaincus ont conquis tout le centre africain et l'Asie Mineure. Je laisse de côté la Tunisie, l'Indo-Chine, Madagascar et d'autres moindres entreprises qui peuvent être tenues pour œuvres de gouvernement, mal comprises ou mal suivies : je ne parle que de ce qui fut œuvre populaire, secondée seulement ou contrariée par une quasi-indifférence gouvernementale. La conquête du désert, ce n'est rien si vous voulez, si ce n'est que pour la beauté de l'effort on n'a rien vu de pareil dans l'histoire du monde depuis les Portugais de la fin du xve siècle. Car le désert n'était pas moins redoutable à l'homme que la mer. Effort magnifique et stérile, je le veux bien ; mais remarquez encore qu'au delà de ce désert vous avez trouvé votre Afrique Occidentate, dont sans doute vous ne vous servez pas, mais qui sera peut-être votre plus grande richesse dans le monde, et la plus commode. Ceux qui ont suivi avec attention le sentiment public en Allemagne, savent bien ce qui fut l'occasion de sa suprême révolte : c'est la surprise de reconnaître que le vaincu de 1870 osait affronter l'Allemagne au Maroc et partout dans le monde qui a déchaîné le *furor teutonicus* de 1912-13 : ce sentiment a trouvé sa satisfaction directe, si j'ose dire, dans la guerre de 1914.

Notre œuvre turque, que l'on ne saurait trop glorifier, nous l'avons faite en partie avec des moyens et des auxiliaires catholiques. Mais cette excellente méthode ne périt-elle pas avec l'empire ottoman ? Beaucoup de Français, et surtout de Français catholiques ont peine à se consoler des pertes cruelles qu'ils viennent d'éprouver : l'empire d'Autriche et l'empire turc ont presque disparu l'un et l'autre. Offrons au moins cette consolation aux affligés qui accusent la politique française d'avoir favorisé ces funestes événements : les deux empires sont morts l'un et l'autre moins des coups qu'on leur a portés que de l'impossibilité où ils étaient de vivre. Après le bouleversement d'une guerre universelle où ils s'étaient précipités les premiers, il n'y avait plus de remède qui pût rendre la vigueur aux « hommes malades » de l'ancien temps.

Mais pourquoi avons-nous pu poursuivre dans l'empire ottoman une politique si fructueuse ? Parce que tout ce que tout ce que nous y avons fait, enseignement, culture, voies de communication, est parfaitement indifférent au gouvernement turc. Il lui importe peu que tout cela soit fait par d'autres, parce qu'il lui importe peu que tout cela soit fait. Il en est bien autrement en régime chrétien. Ici encore, même observation : le Saint-

Siège favorisera chaque puissance chez elle, et aucune chez les autres. Or l'Arabie et la Palestine sont anglaises : la côte sera grecque, la Syrie française et sans doute quelque autre cercle italien. Que nous reste-t-il donc pour y continuer cette politique ottomane, où nous avons certainement intérêt à nous mettre d'accord avec le Saint-Siège ? La partie de l'Anatolie qui demeure turque sans aucun doute. Et peut-être aussi l'Arménie, au moins tant que ce pays de protectorat n'aura pas trouvé de protecteur. Car il y a un territoire dans le monde qui n'est convoité par personne et c'est justement ce pays, dont on peut dire qu'il fut dans ces dernières années le plus malheureux de tous. C'est un titre pour lequel beaucoup de peuples concouraient : on ne peut toutefois le refuser aux Arméniens. Aucune grande puissance ne se trouve assez de ressources pour accepter cette charge. Elles ne peuvent plus administrer de nouvelles conquêtes. Le comte d'Ærenthal, le ministre de François-Joseph, s'il revenait parmi nous, par un malheur que nul ne saurait lui souhaiter, serait surpris de reconnaître que son Autriche diminuée est au nombre des très rares puissances qui ne soient pas, selon sa charmante expression, « saturée de territoires ».

L'hypocrisie coloniale, cette galerie déjà riche des masques que prennent les puissances colonisatrices, s'est enrichie d'une forme nouvelle, le mandat. Je crois d'ailleurs que ce nouveau mode de protection ne permettra plus à la puissance occupante de se réserver les bénéfices du territoire occupé et de fermer la porte derrière elle. La plupart des fragments de l'ancien empire ottoman vont donc être confiés à des puissances mandatées. Elles seront même titulaires d'un mandat spécial, marqué de la lettre B : c'est la catégorie qui doit prendre fin avec la prompte émancipation des peuples en tutelle. Pour la protection des intérêts catholiques, le Saint-Siège se mettra évidemment d'accord avec la puissance mandatée : qu'elle soit anglaise, française ou italienne. Cela tombe sous le sens. C'est dans des négociations de ce genre poursuivies dans une intimité variable suivant les relations de chacun avec le Saint-Siège que seront réglées les nominations d'évêques, les établissements et le nombre des réguliers, les questions scolaires et celles qui touchent à l'administration des biens temporels des Eglises. Le principe :

chacun chez soi va se substituer tout seul au privilège français.

Nous savons d'ailleurs comment les choses se passent, et nous avons vu un règlement analogue entre une puissance catholique et une puissance laïque : c'est lorqu'en 1912, l'Espagne et la France se sont définitivement mises d'accord sur leurs zones d'influence au Maroc. Dans la zone française étaient établis des franciscains espagnols, auxiliaires douteux de notre pénétration en Afrique. Aussi le gouvernement français prit-il soin d'introduire dans le traité des dispositions qui avaient pour objet de liquider, en douceur et avec mansuétude ces établissements, en leur substituant peu à peu des religieux français. A ce propos, justement, on éprouva quelque embarras à voir deux gouvernements temporels échanger ainsi des religieux, et certains ne manquèrent pas de remarquer que l'exécution d'une telle clause eût été bien mieux assurée si le Saint-Siège, qui peut aisément manœuvrer les franciscains d'un bout du monde à l'autre, eût été partie dans la négociation. Même on soupçonna M. Raymond Poincaré, qui exerçait alors la dignité consulaire, je crois, car il était Président du Conseil, mais qui aspirait dans le même moment à la dictature où il fût en effet élevé peu après, de n'avoir introduit là cet article caverneux, que parce qu'il espérait découvrir en son ombre l'occasion de renouer les relations avec le Saint-Siège.

Il est sans doute superflu de défendre M. Poincaré d'une intention si noire, et il n'est pas le premier à qui sa prévoyance ait été imputée à crime. Mais la morale de cette petite histoire est double ; elle nous montre ce qui se passera sans faute chaque fois que des puissances européennes feront reconnaître leur autorité sur un territoire nouveau, et elle nous instruit aussi que l'appui du Saint-Siège dans une telle négociation ne serait pas superflu : c'est un exemple spécifique d'une affaire diplomatique qui ne peut guère être traitée qu'au Vatican.

C'est d'un pareil point de vue que l'Ambassadeur de France auprès du Saint-Siège pourra apercevoir les limites de sa charge en Asie Mineure. Suite, peut-être, de la politique antérieure en Anatolie et en Arménie, autant au moins que le permettra l'intimité présente et future de la politique italienne et de la politique pontificale ; en Syrie, souci commun des affaires religieuses, nominations, personnel ecclésiastique, administration.

Nous touchons ici un point exact d'application. Le mouvement national qui a conduit à la constitution du Grand Liban a été en partie l'œuvre du clergé catholique, de différentes variétés, souvent rivales. Les Libanais étaient constitués dans l'empire ottoman à l'état de nation privilégiée, exactement comme un établissement juridique dans la société féodale. Cette nation tenait son privilège du statut de 1860. Elle se présentait presque toujours à l'autorité suzeraine sous la conduite de ses chefs religieux, ce que le Turc comprenait à merveille. C'est ainsi encore qu'elle s'est présentée à l'indépendance.

Comment douter que la protection des intérêts religieux et la limite surtout de cette protection soit au premier rang des soucis et des besognes du nouveau gouvernement ? Je dis la limite, car dans quelle mesure notre protectorat doit prendre une figure catholique est une affaire difficile de nuances, ; puisque notre aide politique, — le terme de protectorat étant un peu démodé et hors d'usage, — s'étendra aussi à des populations musulmanes, et plus nombreuses. Mais on ne peut guère nier que le choix du pasteur catholique de ces peuples importe à la puissance qui a accepté le mandat, ni que le règlement et l'administration des biens ecclésiastiques, des vakoufs catholiques, s'il est permis de mélanger la terminologie des deux religions, soit un de ses principaux soucis. Et enfin nous ne voudrons pas sans doute ajouter à tant de protectionismes qu'on nous reproche, un protectionisme religieux, mais enfin il vaut mieux, si cette terre syriaque est propice à la vie monacale, que la plupart des congrégations soient françaises qu'étrangères. Et voilà plusieurs dossiers sur la table de l'Ambassadeur de France et bien des négociations dans les antichambres du Vatican.

Il y a un autre point du monde où les affaires religieuses ont un caractère politique qu'elles tiennent, ici, de la loi, et c'est précisément le point du monde qui nous est le plus cher, l'Alsace-Lorraine. Alsace-Lorraine et Syrie, ce sont à la vérité les deux points d'attache de l'argumentation pour la reprise des relations avec le Saint-Siège. Au moins de cette argumentation petite et prudente qui recherche les justifications précises et profitables, l'argumentation de cabotage, si j'ose dire, qui se tient loin de la haute mer, de ses grandes batailles et de ses tempêtes de polémiques.

L'Alsace-Lorraine a un statut religieux et un concordat par lequel il faut bien passer, au moins pour un temps. Objet de négociations inévitables et dont la durée variera suivant la politique générale de la République dans les provinces reconquises. Le Gouvernement a fait connaître bien des fois qu'il n'avait pas l'intention de les ramener brusquement à l'unité de la législation française. M. Millerand, revenant de son gouvernement de Strasbourg, a même indiqué que pour certaines institutions, c'est la France qui pourrait être utilement ramenée au statut alsacien-lorrain. Le statut religieux est il de ce nombre ? Et l'Alsace-Lorraine est-elle le seuil du nouveau concordat ?

Mais non. Car on stipule expressément que le rétablissement de l'Ambassade n'offensera en rien le régime laïque, qu'il le laisse subsister, qu'il en est distinct, et qu'il n'engage pas la République dans la voie de l'abjuration. C'est une deuxième et bien plus grave différence entre la position du nouvel ambassadeur et celle de l'ancien.

Si l'État est laïque, l'ambassadeur peut parler au Saint-Siège de toutes choses, sauf de son pays. La laïcité de l'Etat n'est pas seulement un sujet de déclamation électorale, elle est un principe juridique, sur lequel le Conseil d'Etat a édifié toute une jurisprudence, monument de froide sagesse. Si une nouvelle législation ne détruit pas cette œuvre, l'ambassadeur de France n'a rien à dire au pape touchant les affaires ecclésiastiques : c'est le Conseil d'Etat qui les règle en ses arrêts et non pas lui en ses négociations.

Autant dire que notre envoyé sera incapable de négocier, parce qu'il manquera, si j'ose dire, de valeur d'échange. Sans doute on rougit de parler des choses sacrées comme si elles pouvaient être objets de trocs. Mais quoi ! telle est l'humilité de toutes les choses touchées par l'homme. Toute négociation, si noble qu'en soit l'objet peut toujours être ramenée à la catégorie romaine du *do ut des*. Quoi de plus légitime, d'ailleurs, et quoi de plus efficace que ces négociations qui étaient sans aucun doute l'objet propre et principal de la mission de notre ambassadeur au Vatican, dans les temps abolis. ? Il sollicitait du Saint-Siège des avantages, des faveurs pour la politique extérieure de la France. Il obtenait, de la Congrégation de la Propagande, telle nomination française en Palestine ou au contraire il écartait telle autre candidature étrangère ; ou bien encore de la Congrégation des réguliers que tel établissement fût peuplé de moines français. Mais dès qu'il avait obtenu, que sa reconnaissance était riche ! Il tenait l'investiture de tous les évêques de France ; il tenait en mains tout le statut des congrégations. Les gouvernements français successifs n'avaient point tant varié dans leur politique congréganiste. Ils avaient reconnu un très petit nombre de congrégations, laissant un très grand nombre sous le régime de l'autorisation administrative. L'arbitraire débonnaire de l'administration s'étendait d'ailleurs aux unes comme aux autres. Sans cesse, pour des établissements nouveaux, pour le nombre des religieux, le gouvernement français était à son tour doucement sollicité d'autoriser, ou de négliger, ou d'oublier.

Et il n'y avait pas en cette matière si fertile, secrète et bénie du spécialiste, que les questions de personnes ; il y avait les biens temporels. La mainmorte et le fisc furent de tout temps et en tous lieux ennemis irréconciliables. C'est la mainmorte qui eut toujours raison du fisc ;

et le fisc se vengeait par une confiscation périodique de sa longue indolence ou de son impuissance. La Réforme ne fut en bien des pays que la défaite définitive de la mainmorte par le fisc [1]. Or toutes les lois et toutes les mesures d'imposition des mainmortables furent l'objet d'une réclamation du Saint-Siège et de prières aux fins d'atténuations ou d'indulgences.

Admirables matières à mettre en négociations diplomatiques ! C'était la très abondante monnaie d'échange de notre ambassadeur en régime concordataire. Mais en régime laïque ? La seule exception que le Gouvernement propose à l'intégrale laïcité, c'est qu'il désire avoir un droit de regard dans la nomination des évêques, c'est-à-dire encore un avantage pour lui, mais non pas pour le Saint-Siège. Encore une sollicitation et non pas une compensation. Notre ambassadeur sera dans la position de celui qui demande sans cesse et ne rend jamais. Système un peu boiteux sans doute, et singulier langage que celui de notre nouveau représentant : « Je suis l'Ambassadeur de France et j'arrive de Paris pour vous parler des affaires d'Orient. Mais n'allez pas au moins me parler

(1) V. plus haut, p. 27.

des affaires de la France que j'ignore et qui ne nous concernent ni l'un ni l'autre. »

Allons-nous donc supprimer le nouveau poste de Rome, à peine rétabli, faute de besogne ? Mais d'autres pays, de régime laïque, tels que le Portugal et plusieurs républiques sud-américaines, entretiennent cependant à Rome un ministre qui n'est pas inoccupé. Une chancellerie française au Vatican mettra certainement de l'onction et de la commodité dans l'expédition de nos affaires ecclésiastiques extérieures.

Ces observations conduiront non pas à combattre l'Ambassade, mais à limiter son action, à limiter surtout les espérances qu'une comparaison qui vient naturellement à l'esprit avec l'état antérieur favoriserait dans l'esprit de beaucoup de catholiques. A l'intérieur et dans la vie publique, l'action de l'Ambassade serait barrée par le principe de laïcité et nul ne semble vouloir le briser ni le fléchir. A l'extérieur le titre de fille aînée de l'Eglise est désormais plus honorable que profitable. Aux temps de la politique classique ce droit d'aînessse pouvait porter avec lui de grands avantages. Mais qu'en est-il de nos jours où tant de grandes puissances sont si jalouses de leur prestige et si chatouilleuses sur l'article de leur autorité à l'extérieur ? Quel signe et quelle raison de faveur distingueront la France parmi les nations représentées à Rome ? Elle aura, comme les autres et en matière religieuse comme dans les autres, ses territoires réservés et par suite ses territoires interdits.

Ainsi à mesure que l'on s'efforce de serrer cette question du rétablissement de l'Ambassade au Vatican, elle paraît plus petite, plus étroite, plus circonscrite en ses effets. Si peu de passions qu'elle enflamme, on les trouvera encore trop brûlantes. La belle affaire ! dira-t-on. La prendre ainsi, rechercher son intérêt dans la besogne quoditienne de l'ambassadeur, c'est justement la rapetisser et la vider de toutes les idées morales qui font sa grandeur. C'est, si l'on ose dire, le point de vue du rond-de-cuir.

Sans doute je n'ai pas parlé de la béatitude respectable que cet acte fera descendre dans les âmes catholiques, sans doute j'ai pris garde d'écarter toute la mystique délicate et redoutable de l'affaire. Avant d'examiner, pour finir, ce grand côté. et avant de tenter de monter aux sommets, ne puis-je remarquer, en glissant, que cette méthode n'est pas inconnue à ceux qui tentent d'insinuer cette question dans notre politique ? plaider la simple commodité diplomatique, n'est-ce pas mieux ici que de réveiller les grandes idéologies, qu'il s'agit justement d'assoupir ? On peut se demander si à faire grand fracas de cette affaire, à la faire grande et non pas modeste, on ne va pas contre son objet même. Veux-tu aller sûrement à Rome ? Prends l'éloquence et tords-lui le cou, pour cette fois.

La reprise des relations avec le Saint-Siège serait un grand acte politique de vaste portée, s'il assurait l'apaisement religieux, la séparation de la religion et des luttes politiques, ou pour le trancher plus net encore, s'il purgeait les élections politiques de tout élément confessionnel. Le pourrions-nous espérer ? Pour en décider, il faudrait étudier les conditions qui alimentent ou qui appauvrissent le cléricalisme et l'anticléricalisme français. Dissertation redoutable autour de laquelle je risquerai prudemment quelques réflexions historiques.

L'Eglise et l'Etat sont en lutte pour la direction des esprits. Tous deux ont une morale et tous deux une politique. On pourrait peut-être s'accorder pour laisser la morale à l'Eglise et la politique à l'Etat, mais cet expédient sommaire est condamné par la doctrine à la fois et l'expérience.

Ce qui distingue la religion catholique des autres confessions chrétiennes, c'est son unité. Il n'est donc pas surprenant qu'elle ait une politique générale, sinon universelle, et que cette politique soit plus précise, plus serrée que les autres, unifiée comme le dogme lui-même. La dernière période de cette politique de l'Eglise commence au temps de ce qu'on a justement appelé la contre-réformation catholique. Menacée par la Réforme, l'Eglise entreprit de l'arrêter en réformant elle-même la discipline ecclésiastique, et en attachant étroitement son action à celle des princes catholiques. Les protestants d'ailleurs avaient fait de même, et c'est merveille de voir comme dans les idées et les écrits du temps, les doctrines politiques passent d'un parti à l'autre suivant que le prince penche vers l'un ou l'autre. La question du tyrannicide, pour n'en citer qu'une, la recommandation de tuer le prince, l'une des formes de l'opposition, était alternativement tenue pour horrible ou sainte par les docteurs des deux camps. Les meurtres du duc de Guise et de Henri III sont deux assassinats de sens contraire, si l'on peut dire.

Mais après la guerre de Trente ans, dont l'objet était le statut religieux de l'Europe centrale, la pratique de tous les pays catholiques fut d'abandonner au clergé tout ce qui touchait à la soumission des peuples : enseignement, éducation, réjouissances. La Compagnie de Jésus institua pour cette longue période de la vie de l'Eglise un système politique et pédagogique complet, qui gouverna durant deux siècles dans le sommeil de l'innocence, les nations du centre et du sud de l'Europe. C'est une forme véritable de civilisation, avec sa morale, sa politique, ses préceptes et ses goûts artistiques, qui pénétra les esprits et les mœurs durant deux siècles. J'ai trop aimé l'Autriche, qui conserve de nos jours les traces de ce système, pour n'en pas éprouver le charme historique. Aucune société peut-être n'atteignit jamais une telle liberté des mœurs, ni un tel raffinement, au moins pour le petit nombre et comme l'on dit aujourd'hui pour une classe. C'est ce que savent bien ceux qui font leurs coutumières délices de *la Chartreuse de Parme*, peinture romanesque et véridique de cette civilisation où l'on ne peut se consoler de n'avoir pas vécu.

La Sainte-Alliance, ingénieuse combinaison hagiographique qui réunissait sous la même auréole un souverain catholique, un luthérien et un orthodoxe (1), porta ce système à sa perfection. Diriger la foi des peuples et assurer aussi leur obéissance aux gouvernements, tel fut le double office de l'Eglise ; tel du moins il apparut dans l'esprit des nations. Aussi le droit des peuples à disposer d'eux-mêmes, ce principe français auquel nous avons donné un nom lourdement traduit de l'anglais, semble-t-il éloigné sinon de la doctrine de l'Eglise au moins de ses préférences. Eloignement encore accru par le long différend qui sépara les droits temporels du Saint-Siège du sentiment national de l'Italie.

Dans cette longue tradition, le pontificat de Léon XIII marque une rupture dans toutes les directions : dans l'ordre politiqué propre par le rapprochement avec les puissances libérales, nous dirions aujourd'hui occidentales, dans l'ordre social par l'encyclique *Rerum novarum*,

---

(1) L'Angleterre s'était derobée dès 1818, congrès d'Aix-la-Chapelle.

dans l'ordre national même par le penchant personnel du grand pontife pour Mgr Strossmayer : Léon XIII dut au moins hésiter sur la question des églises nationales [1].

La tradition des deux derniers siècles semble avoir été reprise au contraire par la condamnation des *democristi* en Italie (lettre de Pie X au cardinal Svampa, archevêque de Bologne), par la condamnation du Sillon en France, et hier encore par le *motu proprio* du 25 juillet 1920 qui éloigne si nettement les fidèles du socialisme. On ne saurait nier cependant qu'un autre élément fermente dans l'Eglise, parmi ceux qu'on appelle dans tous les états de l'Europe centrale les « chrétiens sociaux ». Ferment plus vivace que partout ailleurs dans ce parti catholique italien récemment

---

(1) Bon exemple du mélange des intérêts politiques et religieux et du profit qu'un état peut en tirer. Qui ne voit, si Léon XIII régnait encore sur l'Eglise, l'autorité qu'il ne manquerait pas de prendre dans le différend italo-yougoslave ? Liens étroits qui unissent le Vatican à la politique italienne d'une part, d'autre part action puissante du St-Siège sur les jeunes populations croates et surtout slovènes, tout cela permet de mesurer quels services la politique pontificale pourrait rendre à son gré à l'un ou à l'autre Etat, si elle était dirigée par un pape négociateur comme était Léon XIII. Par quelle distraction la Providence néglige-t-elle d'accorder les grands pontifes aux grands événements et les grands politiques aux grandes périodes ?

rendu à l'action par l'autorisation de Rome et dans ce jeune clergé italien où semble revivre quelque flamme franciscaine. Car ce grand mouvement religieux venu d'Assise au XIIIe siècle et qui frôla l'hérésie, fut profondément italien par tant de traits, par son sens artistique et surtout par son goût païen de la nature et du sol, par cette sorte de panthéisme ascétique. S'il n'avait été contenu dans les limites orthodoxes par les grands politiques successeurs du maître, qui sait s'il ne fût pas devenu l'hérésie nationale de l'Italie[1] ?

Mais, sous cette réserve, l'Eglise catholique demeure au rang des grandes forces conservatrices du monde : ayant ainsi une politique confirmée par une tradition de deux siècles chez tous les peuples catholiques, elle s'est heurtée partout à la politique contraire, à l'anticléricalisme laïque, qui signifie deux choses liées mais cependant assez différentes : la séparation des Eglises et de l'Etat et l'enseignement d'une morale sans fondement religieux. C'est cette opposition qui a donné, notamment en France, au clergé catholique, un rôle si actif dans la vie politique, et surtout

---

[1] Cf. plus haut, p. 26.

dans la grande réalité de notre politique, dans les élections.

Cette doctrine, ou si l'on veut, cette préférence politique de l'Eglise catholique est si forte, si attachée à son unité et à sa tradition qu'on a cru et qu'on a dit qu'elle était la seule religion qui eût un rôle politique actif, et qu'ainsi et par contre-coup les états de population catholique étaient les seuls qui connussent dans le monde moderne un anticléricalisme attardé. Je n'en crois rien pour ma part, pensant qu'on pourrait suivre les mêmes observations politiques en divers pays protestants. Ne voit-on pas par exemple, dans la vie politique de la Grande-Bretagne tous les signes de l'anticléricalisme : une Eglise dominante, et même ici officielle, accusée d'intolérance par les autres, recommandant son statut ou ses privilèges au parti politique qu'elle préfère, si bien qu'aux élections ce sont toujours les pays non conformistes, écossais et gallois, qui donnent la forte majorité libérale ? A travers les formes différentes, mêmes oppositions et mêmes luttes. Ce qui nous trompe et nous gêne pour voir les ressemblances, c'est que chez nous c'est l'incrédulité qui attaque l'Eglise dominante, sinon officielle ; en Angleterre ce sont des croyants plus convaincus. Le privilège ou les tentatives des Eglises « majoritaires » sont combattus en France par ceux qui ne croient pas, ou guère, en Angleterre par ceux qui croient davantage.

Ainsi les religions s'alimentent, s'animent et s'enveniment par leur rivalité même. Et l'incrédulité, ici encore, ne se comporte pas autrement qu'une religion. A contempler le jeu des forces religieuses dans les divers états, le groupe des incrédules, plus dispersé il est vrai, vit, agit, s'oppose et lutte comme tout autre groupe religieux. Tels dans les Parlements les partis de ceux qui n'ont pas de partis, et qui forment un parti. Et c'est par les conditions de la lutte même que chacun recourt à l'Etat et s'efforce de capter son prestige quand il en a, et son autorité. C'est pour le combat contre d'autres qu'il lui importe d'avoir non pas l'aveu mais l'apparence des faveurs du Gouvernement. On m'a conté que la question de l'assistance du Gouvernement à une cérémonie catholique avait été posée au temps du ministère Clémenceau. On sait que, pendant la guerre, le Tigre avait abjuré son anticléricalisme, bien qu'il ait toujours répugné au rétablissement permanent de l'Ambassade : il lui en coûta même la Présidence de la

République. M. Clémenceau répondit à cette occasion qu'il voyait bien que ce n'était pas sa personne ni sa foi que l'on désirait, mais l'apparence de son autorité de chef du Gouvernement et il ajouta à peu près qu'on pouvait peut-être, à force de témérité, admettre qu'il se pût convertir, mais non pas qu'il pût aller à la messe avant d'être converti.

La dualité des religions ne favorise pas l'apaisement religieux. Tout au contraire, semble-t-il, la multiplicité des religions. Il n'y a point de luttes religieuses dans la vie publique des Etats-Unis. C'est sans doute en partie parce que ce peuple ne traîne point derrière lui de questions du passé et qu'il ne connaît pas par conséquent les difficultés du règlement des biens affectés jadis au service de la religion et qui furent d'abord biens publics. Mais d'autres raisons encore assurent cette séparation des Eglises et de l'Etat dans les esprits américains.

Ce n'est pas seulement la lutte contre la nature et contre le sol qui a fait le peuple américain aventureux, persévérant et toujours intrépide : c'est la lutte aussi contre presque toutes les espèces de l'humanité. Son histoire n'est qu'une succession de luttes de races : dès son berceau, pareil à Hercule, il extermine une race, la rouge. Puis c'est la noire, installée chez lui par une des migrations les plus honteuses de l'histoire de la planète, qui lui vaut sa plus grande difficulté de croissance. Et voici la jaune qui pose aujourd'hui devant lui la plus grave de ses questions politiques.

Chose admirable et bien propre à déconcerter nos esprits européens : dans une telle succession de guerres de race, pas une lutte religieuse ! Et cependant des religions, l'Union en a reçu plus encore que de races ou de nations. Fondée par des réformés puritains qui se divisent et s'étendent en sectes vigoureuses et innombrables, le continent reçoit plus tard juifs et catholiques repoussés pêle-mêle par l'absurde régime politique de l'Europe, de Russie, d'Irlande, de Pologne. Derrière, voici l'armée bouddhiste, shintoïstes, confucianistes, etc. Ces vieilles religions que l'Asie mère des Dieux semble s'être lassée d'enfanter, l'Amérique ne se lasse pas de les accueillir par ses rives atlantiques ou ses rives pacifiques. Mais voici le miracle : à voir tant de religions réunies ensemble, l'homme semble avoir appris à les respecter toutes : il admet entre elles comme une vague équivalence dans la pureté du même sentiment religieux qui les anime toutes.

Je ne voudrais point forcer les idées ni les suivre dans d'aberrantes conséquences : remarquez cependant qu'en Europe même les pays qui sont au confluent non pas de deux mais de trois religions sont parmi les plus dépouillés de fanatisme. Observez de ce point de vue les mœurs des tribus albanaises ou de la Serbie bosniaque. C'est le point de rencontre du catholicisme, de l'orthodoxie et de l'islam. Beaucoup, jadis, ont changé de religion pour profiter de la loi du vainqueur. Or il n'y a dans ces peuples aucun prosélytisme ; tout leur est prétexte à batailler, sauf la religion. Comparez aux montargnards de nos Cévennes, par exemple, chez qui les luttes politiques ne sont que la suite des guerres religieuses, lesquelles remontent aux Albigeois.

Bornons-nous cependant à l'exemple américain. Puisse-t-il servir à notre esprit public de guide et de terme ! L'indifférence de chacun à la religion des autres, sans que le sentiment religieux en soit chez aucun gêné ni diminué : c'est à la vérité la séparation des Eglises et des Etats réalisée dans les esprits, la seule qui vaillle, et vers laquelle les autres ne sont qu'acheminement. Ce serait en matière politique, la perfection et le terme de l'institution chrétienne, puisque c'est le christianisme qui conçut le premier cette hardiesse jusqu'à lui insoupçonnée : distinction du spirituel et du temporel.

Pouvons-nous espérer que le rétablissement des relations avec le Vatican hâtera pour nous cette paix religieuse ? Quel argument que celui-là ! Et que tous les autres auprès de lui semblent honteux et petits ! Mais nous sommes si vieux et nous traînons tant de querelles ! L'Eglise catholique est si pénétrée de cette politique de deux siècles qui a fait d'elle un pouvoir militant dans tous les pays où elle est forte, cherchant jadis dans les cours, de nos jours dans les élections, les moyens de satisfaire son ardeur à régner ! Vous voulez la paix religieuse ? Fuyez les élections. Sagesse essentielle, un peu courte et grossière sans doute, mais simple et forte. Peut-être quelque jour, à l'avènement du Paraclet.......

Décidément, je retourne à ma démonstration étroite : Il y a certainement une politique religieuse dans le monde. Il y en a même une par religion. Un Ministère des Affaires étrangères bien organisé devrait donc avoir un bureau des Affaires religieuses. Pour son information certainement. Pour sa conduite sans doute. Ce bureau aurait sa section catholique, comme sa section islamique, israélite et bouddhiste. Sans doute cette justification manque d'éclat et ce projet manque de pompe. Sans doute ce n'est pas la grande voie romaine : c'est aller à Rome par les sentiers. Mais c'est se garder aussi des fausses espérances.

TABLE DES MATIÈRES

CHAPITRE PREMIER

LES RAISONS DES IMPIES

CHAPITRE II

LES RAISONS DES POLITIQUES

CHAPITRE III

LES LIMITES

ABBEVILLE. — IMPRIMERIE F. PAILLART.

www.ingramcontent.com/pod-product-compliance
Ingram Content Group UK Ltd.
Pitfield, Milton Keynes, MK11 3LW, UK
UKHW020252220726
13923UKWH00002B/906